Personalentwicklung

Potenziale ausbauen – Erfolge steigern
– Ergebnisse messen

Personalentwicklung

Potenziale ausbauen – Erfolge steigern – Ergebnisse messen

von
Anja Weidemann
und
Michael Paschen

2. Auflage

Haufe Mediengruppe
Freiburg · Berlin · München · Zürich

Die Deutsche Bibliothek – CIP Einheitsaufnahme

Weidemann, Anja:
Personalentwicklung: Potenziale ausbauen – Erfolge steigern –
Ergebnisse messen / von Anja Weidemann und Michael Paschen.
– 2. Aufl.. – Freiburg (Breisgau) : Haufe, 2002
ISBN 3-448-05125-X

ISBN 3-448-05125-X   Best.-Nr. 00596-0002

© 2002, Rudolf Haufe Verlag GmbH & Co. KG,
Niederlassung Planegg/München
Postanschrift: Postfach 1363, 82142 Planegg
Hausanschrift: Fraunhoferstraße 5, 82152 Planegg
Telefon (0 89) 8 95 17-0, Telefax (0 89) 8 95 17-2 50
E-Mail: online@haufe.de, Internet: http://www.haufe.de
Redaktion: Dipl.-Kffr. Kathrin Menzel-Salpietro
Lektorat: Helmut Haunreiter

Umschlaggestaltung: Atelier Höpfner-Thoma, 81679 München
Satzbearbeitung: Werbeagentur S6 GmbH, 82166 Gräfelfing
Druck: Bosch-Druck GmbH, 84030 Ergolding

Inhaltsverzeichnis

Was hat es gebracht? – Die Erfolgskontrolle 162

Stichwortverzeichnis 175

Anhang 177

Vorwort

Das Personal in jeglicher Art für die Zukunft fit zu machen – das ist sicherlich der Wunsch vieler Unternehmen, um in einer Zeit der Veränderungen auf dem Markt konkurrenzfähig zu bleiben. Das Human Resources Management erfährt derzeit einen deutlichen Aufschwung. Nach einer Zeit des „nice-to-have" wurde es in vielen Unternehmen als ein zentraler wertschöpfender Faktor erkannt. Gerade in großen Unternehmen sind in den letzten Jahren die Modelle und Instrumente der Personalentwicklung deutlich elaborierter geworden, die Zeiten des „Wünsch-Dir-Was-Seminarkataloges" sind weitgehend vorbei.

Allerdings haben kleinere und mittlere Unternehmen oftmals nicht die Vielfalt der Ressourcen und Möglichkeiten für die Personalentwicklung zur Verfügung. Trotzdem können diese Unternehmen ihren Mitarbeitern eine reiche Palette attraktiver Möglichkeiten für deren persönliche Entwicklung anbieten.

Dieses Buch wird Ihnen effektive Instrumente der Personalentwicklung vorstellen. Bei der Auswahl der Tools wurde besonders auf zwei Dinge geachtet: Die Werkzeuge sollten in hohem Maß pragmatisch sein und gleichzeitig mit einem vertretbaren Aufwand realisiert werden können.

Profitieren Sie von den umfangreichen Erfahrungen, die die Autoren auf dem Gebiet der Personalentwicklung gemacht haben. Diese Erfahrungen beschränken sich keineswegs auf die Durchführung einzelner Personalentwicklungsmaßnahmen. Sie erhalten auch wertvolle Anregungen, wie Sie Personalentwicklung erfolgreich einführen und die vielen Klippen, die Ihnen dabei begegnen werden, umschiffen können.

Zahlreiche Checklisten und Übersichten, praktische Tipps und Argumentationshilfen werden Ihnen bei der Umsetzung Ihrer Maßnahmen helfen.

Kurz und gut: Das Buch ist interessant und hilfreich, wenn Sie

- sich neu mit dem Thema Personalentwicklung beschäftigen und sich einen Überblick über das gesamte Themengebiet verschaffen möchten,
- im Personalbereich eines kleinen oder mittleren Unternehmens arbeiten und sich praxisbezogen über mögliche Instrumente informieren möchten, die Sie in Ihrem Unternehmen realisieren können,
- als Führungskraft daran interessiert sind, wie Sie die Entwicklung der Ihnen zugeordneten Mitarbeiter fördern können,
- als Mitarbeiter Ihres Unternehmens Ideen sammeln möchten, wie Ihr Arbeitgeber Sie weiter unterstützen und entwickeln könnte und welche Vorschläge Sie selbst dazu einbringen können.

Dieses Buch soll übrigens nicht nur informieren, sondern beim Lesen auch ein wenig Spaß machen. Aus diesem Grund wird Sie Jürgen durch dieses Buch begleiten. Jürgen ist als Geschäftsführer eines mittelständischen Unternehmens neuerdings auch für das Thema Personal zuständig. Sie werden beim Lesen dieses Buches Jürgen bei der nicht ganz einfachen Aufgabe begleiten, schrittweise ein pragmatisches Gesamtkonzept der Personalentwicklung in seinem Unternehmen zu etablieren, und Jürgen wird Sie dabei immer an seinen Gedanken teilhaben lassen. Und schließlich hat Jürgen am Ende des Bandes nochmal die wichtigsten Infos für Sie zum Heraustrennen gesammelt.

Viele Anregungen für die Praxis wünschen Ihnen

Anja Weidemann und Michael Paschen

Die sechs Schritte der Personalentwicklung

Der Geschäftsführer atmet tief durch. „Für uns," – und aus irgendeinem Grund wiederholt er diesen Satzanfang – „für uns steht völlig außer Frage, dass unsere Mitarbeiter unser wichtigstes Kapital darstellen. Alle Mitglieder der Geschäftsführung" – hierbei breitet er die Arme aus, um dieser Formulierung besonderes Gewicht zu verleihen – „sind sich darüber im Klaren, dass der langfristige Erfolg unseres Unternehmens" – er weist dabei mit dem Zeigefinger auf seine Brust, als ob es um sein eigenes Unternehmen ginge – „nur durch eine motivierte und qualifizierte Mitarbeiterschaft zu gewährleisten ist. Darum – und lassen Sie es mich hier nochmals in aller Klarheit sagen," – hierbei hebt der Geschäftsführer seinen Zeigefinger fast drohend nach oben – „gilt für uns – und wir verstehen es als Herausforderung und Selbstverpflichtung zugleich – die folgende Feststellung: Die systematische und konsequente Entwicklung unserer Mitarbeiterpotenziale ist Ausgangspunkt und" – jetzt schwillt seine Stimme an – „Ziel unserer Personalarbeit." Der Geschäftsführer blickt in der kurzen Pause nach diesem Satz fasziniert auf das Mikrophon. Dann geschieht das Unfassbare. Das hat es in einer Betriebsversammlung noch nie gegeben. Jemand steht auf und ruft: „Darf ich eine Frage stellen?" „Selbstverständlich, ich freue mich auf Ihre Anregungen", schwindelt der Geschäftsführer und blickt verwirrt auf den Fragenden. „Was bedeutet das, was Sie gerade gesagt haben?" (Pause). Der Geschäftsführer blickt einen kurzen Augenblick hilfesuchend auf sein Manuskript, in der vagen Hoffnung, eine rasche Klärung herbeiführen zu können. Er erkennt jedoch schnell, dass ihm der Text bei dieser Frage wenig Anhaltspunkte bietet und verflucht innerlich seinen Assistenten, der diesen Kram irgendwo abgeschrieben haben musste. Im selben Augenblick besinnt er sich auf seine rhetorische Schlagfertigkeit und hört sich reden: „Das bedeutet, dass alle Führungskräfte unseres Unternehmens einen bedeutenden Teil ihrer Energien, ihres Engagements und ihrer Kompetenzen in das systematische Training, Coaching und die fachliche Unterstützung ihrer Mitarbeiter investieren". Kaum ist ihm dieser Satz entglitten, realisiert er, dass er vielleicht einen Hauch zu überzogen formuliert hat, was die vereinzelten Lacher im Publikum bestätigen. Der Frager bleibt allerdings ruhig: „Wie tun unsere

Führungskräfte das denn?" In der nun entstehenden kurzen Pause steckt die Geschäftsführungssekretärin ihrem Chef geistesgegenwärtig das neue Seminarprogramm zu. Der hält es sofort hoch und wedelt damit, als ob er einen Taxifahrer auf sich aufmerksam machen will. „Ein Aspekt dieser Bemühungen besteht beispielsweise darin, dass unsere Führungskräfte Ihnen maßgeschneiderte Seminare vorschlagen. Nehmen Sie z. B." – er blättert nun wahllos in dem Heft, bis sich sein Daumen irgendwo verfängt – „das Seminar 'Rhetorik für Frauen'." Der Geschäftsführer errötet bei diesem neuerlichen Patzer. Um die Situation zu retten, sagt er: „Wir fühlen uns allen Mitarbeitergruppen gegenüber verpflichtet". Er beißt sich auf die Lippe. Das schmerzt. „Jürgen", sagt eine vertraute Stimme, „Jürgen, hallo. Deine Lippe blutet. Hast du schlecht geträumt?". Der Geschäftsführer schlägt die Augen auf und blickt in das vertraute Gesicht seiner Frau.

Der Traum beschäftigt Jürgen noch, als er schon im Wagen sitzt und zur Arbeit fährt. Er ist zwar erst seit einigen Wochen als Geschäftsführer auch für das Thema Personal zuständig und hat das Ressort – eher schlecht als recht geführt – von seinem Vorgänger übernommen. Eine zukunftsorientierte Personalentwicklung gehört seit jeher zur Rhetorik des Unternehmens. Aber so richtig durchdacht und in ein Gesamtkonzept eingebettet erscheint ihm die ganze Sache noch nicht. Er nimmt sich vor, intensiv darüber nachzudenken ...

Was ist Personalentwicklung?

Personalentwicklung bedeutet zwar mehr als ein attraktives Seminarangebot, aber was verbirgt sich hinter diesem Begriff in der Praxis? Auch wenn die verbale Verpackung des Themas Personalentwicklung eine reichhaltigere Angebotspalette vermuten lässt, reduziert sich das Angebot in einem Unternehmen meist auf Trainings und Seminare. Vor allem von den Mitarbeitern wird dies so wahrgenommen. Und nicht selten verstehen die Mitarbeiter das Angebot so, dass Seminare zur Kompensation ihrer Schwächen eingesetzt werden, denen ein Vorgesetzter auf anderen Wegen nicht mehr zu begegnen weiß.

Ein typischer Anruf in der Personalabteilung verläuft häufig so: „Hier ist Müller, Leitung Controlling. Ich habe da einen Mitarbeiter, der sich nicht so recht in unsere Abteilung einfügen will. Ich dachte, es sei vielleicht günstig, ihn mal auf ein Teamtraining zu schicken. Hätten Sie da was im Angebot? Ja? Das ist prima. Mit wieviel wird meine Kostenstelle belastet? Hm, ach so. Haben wir auch etwas Günstigeres? Nein, ist schon klar, die Qualität muss stimmen, sicher. Na ja, in Ordnung ... Wenn es was bringt, ist das Geld ja gut investiert."

> Zur Personalentwicklung gehören alle Aktivitäten, die dazu beitragen, dass Mitarbeiter und Führungskräfte die gegenwärtigen oder zukünftigen Anforderungen besser bewältigen können.

Wie im Folgenden noch gezeigt werden wird, gibt es in den meisten Unternehmen zahlreiche Aktivitäten, die im Prinzip als Personalentwicklungsaktivitäten verstanden bzw. gestaltet werden können. Allerdings fehlt oftmals die klare Orientierung und ein integrierendes Rahmenkonzept.

Personalentwicklung in sechs Schritten

Diesem Buch liegt ein pragmatischer Ansatz der Personalentwicklung zugrunde. Es werden nur solche Vorgehensweisen und Ansätze beschrieben, die nach Erfahrungen der Autoren aus ihrer Beratungspraxis im Bereich Human Resources Management eine reale Chance auf Verwirklichung haben, insbesondere, wenn es um mittelständische Unternehmen geht. Viele eher im akademischen Kontext entstandenen Bücher zur Personalentwicklung – der geneigte Leser möge uns diese Bemerkung verzeihen – bestechen zwar durch hoch strukturierte Modelle, lassen aber den interessierten Leser im Hinblick auf direkte Empfehlungen bei der Umsetzung und der damit verbundenen Problemlösungen allein. Insofern steht am Anfang dieses Buches ein Versprechen: Sie werden in diesem Buch wenig darüber erfahren, was „einen neuen Trend", „eine neue Philosophie" oder ein „ultimatives Konzept zur Personalentwicklung" begründet. Stattdessen

werden Sie viele Tipps zur Umsetzung, Checklisten, Argumentationshilfen und echte Praxiserfahrungen finden. Hinzu kommen die mikro-
politischen Aspekte der Einführung einer systematischen Personalentwicklung, auf die im Folgenden immer wieder eingegangen werden
wird. Dieses Buch ist auch keineswegs neutral geschrieben, sondern auf
der Grundlage eines klaren persönlichen Standpunktes der Autoren:
Personalentwicklung ist nicht nur sinnvoll und wertschöpfend, sondern
spannend und lehrreich für die, die sie anwenden. Kurz: Wer Personalentwicklung mit tiefer Überzeugung, sogar Leidenschaft betreibt, dem
bietet sie viele Möglichkeiten beruflicher Erfüllung und persönlicher
Entwicklung.

Der hier vorgestellte Rahmen der Personalentwicklung besteht aus
sechs Schritten. Wir laden Sie ein, uns – und immer wieder auch
Jürgen – auf diesen sechs Schritten zu folgen.

PRAGMATISCHE PERSONALENTWICKLUNG IN SECHS SCHRITTEN

1. So führen Sie die Personalentwicklung ein

2. Anforderungen und Lernziele bestimmen

3. Welche Potenziale haben die Mitarbeiter?

4. Toolbox für die erfolgreiche Personalentwicklung

5. Bieten Sie den Mitarbeitern Perspektiven

6. Was hat es gebracht? – Die Erfolgskontrolle

Jedem dieser Schritte ist ein eigenes Kapitel gewidmet, in dem Sie das
Know-how, das Sie zu seiner praktischen Anwendung brauchen,
erwerben. Doch zuerst geben wir Ihnen einen Überblick darüber,
worum es bei jedem einzelnen der sechs Schritte geht.

■ So führen Sie die Personalentwicklung ein

Kommt das Thema Personalentwicklung zur Sprache, stößt man häufig
auf Vorbehalte – sowohl auf Seiten der Mitarbeiter, als auch auf Seiten

der Führungskräfte. „Das ist zu teuer", „Anschließend wird noch mehr Leistung von mir verlangt", sind nur zwei Beispiele für mögliche Einwände. Bei einer überzeugenden Personalentwicklungsarbeit gibt es keine Verlierer, alle Beteiligten können nur gewinnen. Deshalb ist der erste Schritt in der Personalentwicklung auch die Voraussetzung dafür, um mit den weiteren Schritten fortfahren zu können – allen Beteiligten muss überzeugend vermittelt werden, warum Personalentwicklung wichtig ist und welchen Nutzen sie davon haben werden.

Ausgangspunkt aller Überlegungen zur Personalentwicklung sollte immer die Unternehmensstrategie sein. Dies gilt auch dann, wenn Personalentwicklung sehr pragmatisch verstanden wird. Übergeordneter Zweck der Personalentwicklung ist es, die Unternehmensstrategie auf Personalseite umzusetzen, sie auch dort erlebbar wiederzufinden. Jede Unternehmensstrategie stellt besondere Anforderungen an die sozialen Kompetenzen, fachlichen Qualifikationen und vor allem – nicht zu vergessen – an die Einstellungen und die Motivation der Mitarbeiter. Diese Aspekte gilt es herauszukristallisieren. Denn dann wird unmittelbar deutlich, warum sich die Investition lohnt. Schwierig bei diesem Schritt ist, pragmatisch und umsetzungsnah zu bleiben und trotzdem die übergeordneten Ziele der Personalentwicklung nicht aus den Augen zu verlieren. Letztlich ist diese enge Anbindung von Personalentwicklungsmaßnahmen an die Umsetzung der Unternehmensstrategie auch das zentrale interne Verkaufsargument. Was könnte, sowohl für Führungskräfte als auch für Mitarbeiter, Arbeitnehmervertretungen und Anteilseigner überzeugender sein als die Tatsache, dass Geld in die Verwirklichung der Unternehmensstrategie investiert wird?

■ Anforderungen und Lernziele bestimmen

Als zweiter Schritt wird erfasst, wo die Mitarbeiter heute stehen, wie ihr gegenwärtiger Entwicklungsstand ist. Dafür brauchen Sie als Grundlage zunächst einmal einen Maßstab und ein Set an Kriterien. Auch diese gibt es in vielen Unternehmen. Allerdings besteht bei derartigen Anforderungsprofilen immer die Gefahr, dass sie mit steigendem Umfang beliebiger und trivialer werden. Als sehr sinnvoll haben sich möglichst schlanke Anforderungsprofile bewährt, die einen direkten Abgleich des Ist-Standes eines Mitarbeiters mit den wünschenswerten Soll-Anforderungen ermöglichen. Jedoch eignen sich nicht alle Anforderungsprofile dazu, klare Rückschlüsse auf notwendige, also die Kompetenz fördernde Entwicklungsmaßnahmen zuzulassen. Wie geeignete Anforderungsprofile erstellt werden können, ist im Kapitel „Anforderungen und Lernziele bestimmen" dargestellt.

Jürgen erinnert sich an ein recht unerfreulich verlaufenes Beurteilungsgespräch mit einem seiner Mitarbeiter. Jürgen hatte zu diesem Gespräch den Beurteilungsbogen seines Unternehmens herangezogen und dem Mitarbeiter – gerechtfertigt, wie Jürgen meinte – schlechte Beurteilungen in den Bereichen Intellekt, Kreativität, Einfühlungsvermögen und Belastbarkeit zukommen lassen. Der Mitarbeiter hatte daraufhin von Jürgen wissen wollen, wie er diese Bereiche denn nun verbessern könne. Jürgen erinnert sich daran, wie in dieser Situation ein leises Unbehagen in ihm aufgestiegen war, das nach kurzer Zeit von einer immer größeren Ratlosigkeit verdrängt wurde, während er zahllose, wenig hilfreiche Ideen formuliert hatte, wie der Mitarbeiter seine Schwächen beseitigen könne.

■ Welche Potenziale haben die Mitarbeiter?

Im dritten Schritt wird der Kompetenzstand einzelner Mitarbeiter beurteilt. Wir zeigen Ihnen, wie Sie bessere Kriterien finden als die, mit denen Jürgen sich herumschlagen muss. Das klassische Instrument hierzu ist, wie im obigen Beispiel, das Beurteilungsgespräch, in dem der Vorgesetzte seinen Mitarbeiter einschätzt und auf einer Punkteskala beurteilt. Dies führt nicht zwingend zu wünschenswerten Konsequenzen. In fast jedem Unternehmen gibt es ausreichend Geschichten darüber, wie es Vorgesetzten anhand dieser Beurteilungen „gelungen" ist, ungeliebte Mitarbeiter „wegzuloben" oder andere, besonders wertvolle Mitarbeiter zu behalten, indem ihnen „noch eine gewisse notwendige Reifungszeit" bescheinigt wurde, ehe der nächste Karriereschritt erfolgen könne. Außerdem scheint es große Unterschiede hinsichtlich der Ehrlichkeit der Führungskräfte bei ihren Beurteilungen zu geben. Um diese Effekte abzumildern, kann man sich alternativer Formen der Potenzialeinschätzung bedienen. Sie werden diese Instrumente noch differenziert kennen lernen.

■ Toolbox für die erfolgreiche Personalentwicklung

Nachdem das Mitarbeiterpotenzial erfasst und individuelle Entwicklungsmaßnahmen formuliert worden sind, werden diese im vierten Schritt umgesetzt. Dabei handelt es sich um Maßnahmen, die zu einem direkten Kompetenzzuwachs eines Mitarbeiters führen. Zu diesen Aktivitäten gehören beispielsweise Seminare und Trainings, wobei es viele weitere Ansatzpunkte gibt, die im Kapitel „Toolbox für die erfolgreiche Personalentwicklung" beschrieben sind.

■ Bieten Sie den Mitarbeitern Perspektiven

Darüber hinaus gehört zur Personalentwicklung, dem Mitarbeiter Perspektiven für die berufliche Zukunft aufzuzeigen. Denn gerade solche Perspektiven, die mit den beruflichen Wünschen und Hoffnungen eines Mitarbeiters kompatibel sind, motivieren ihn in aller Regel stark dazu, sich durch persönliche und selbst initiierte Aktivitäten weiterzuentwickeln.

■ Was hat es gebracht? – Die Erfolgskontrolle

Am Ende von Personalentwicklungsprojekten steht meist der Wunsch, eine differenzierte Erfolgskontrolle vorzunehmen. Nicht selten scheitert dies an der praktischen Umsetzbarkeit und reduziert sich vielfach auf ein Seminarfeedback im Anschluss an eine Weiterbildungsveranstaltung. Am Ende dieses Buches werden verschiedene pragmatische Möglichkeiten gezeigt, die Hinweise darauf geben, ob die Investitionen im Bereich Personalentwicklung sinnvoll waren oder nicht.

Jürgen hat sich Notizen gemacht und blickt zufrieden auf sein Papier. Das hört sich doch alles schon mal nicht schlecht an.

So führen Sie die Personal-entwicklung ein

Als erfahrenem Manager ist Jürgen klar, dass ein sinnvolles Rahmenkonzept allein nicht genügt. Die Idee einer systematischen Personalentwicklung würde intern natürlich verkauft werden müssen. Seine Kollegen in der Geschäftsführung müssten das Konzept auf jeden Fall mittragen. Die Mitarbeiter müssten es als echte Chance und nicht als Drohung im Hinblick auf weitere Leistungsverdichtung verstehen. In dieser Hinsicht hat es schon genug Projekte mit einem anschließenden Scherbenhaufen gegeben. Der Betriebsrat muss ins Boot geholt werden, denn ansonsten würde sich wenig realisieren lassen. Auch bei den Führungskräften vermutet Jürgen nicht nur ungeteilte, positive Reaktionen. Das Konzept, das ihm vorschwebt, sieht eine enge Beteiligung der jeweiligen Vorgesetzten auch in der Umsetzung der Personalentwicklungsmaßnahmen vor. Einige würden dies vielleicht als Bevormundung empfinden, dass sie hier einer vorgegebenen Systematik folgen sollten. Andere, vor allem die beurteilungsschwachen Führungskräfte, die ungern negatives Feedback aussprechen, würden sich mit einer transparenten Form der Potenzialanalyse vielleicht nicht wohl fühlen. Die meisten würden schon mal vorbeugend erläutern, dass ihnen schon jetzt die Zeit fehle, dass sie ohnehin völlig überlastet seien und sich sowieso bereits intensiv um die Entwicklung ihrer Mitarbeiter kümmern etc., etc.

Insofern würde er sich – wenn er sein Konzept inhaltlich noch ein bisschen unterfüttert hätte – vor allen Dingen um eines kümmern müssen, nämlich um die interne Vermarktung von Personalentwicklung.

Die Einführung einer systematischen Personalentwicklung ist ein intensiver Veränderungsprozess. Naturgemäß gibt es eine Reihe von Klippen, die es zu umschiffen gilt. Ausgangspunkt ist zunächst eine gelungene interne Vermarktung und Kommunikation. Für diese interne Vermarktung gibt es ein paar hilfreiche Grundregeln.

GRUNDREGELN FÜR DIE ERFOLGREICHE INTERNE VERMARKTUNG VON PERSONALENTWICKLUNG

- ◆ Die Argumente müssen wahr sein.
- ◆ Keine „Poesie der hohen Mitarbeiterorientierung" als einziges zentrales Argument.
- ◆ Alle kritischen Fragen müssen durch die interne Kommunikationsstrategie auch wirklich beantwortet werden.
- ◆ Der Nutzen für die unterschiedlichen Adressaten im Unternehmen muss deutlich werden.
- ◆ Ein Motto oder eine „Mission" der Personalentwicklung wirkt unterstützend.

Die entsprechenden Nutzenargumente aufzuzeigen ist für alle Beteiligten ein zentraler Aspekt. Das Wichtigste aber ist, dass diese Argumente auch wirklich **wahr** sind, ansonsten fordert man schwierige Situationen geradezu heraus. Was hier relativ banal klingt, wird in der Praxis oft durch eine „Poesie der hohen Mitarbeiterorientierung" karikiert. Eine solche Poesie kann man beispielsweise bei „Zielvereinbarungssystemen" antreffen, die – laut Einleitungstext im Zielvereinbarungs-Bogen – *„der Förderung und Motivation der Mitarbeiter dienen und einen kooperativen Dialog über die Ziele zwischen Vorgesetztem und Mitarbeiter zum Ausgangspunkt haben"*.

Die Wirklichkeit sieht voraussichtlich anders aus. Es gibt schließlich auch Interessen des Unternehmens bzw. der Vorgesetzten, die – zumindest partiell – eine gewisse Zielvorgabe notwendig machen. Wenn demzufolge nicht alles im freien Dialog verhandelbar ist, wird obige Formulierung ein Stein des Anstoßes bleiben. Dadurch wird unter Umständen die Idee des ganzen Zielvereinbarungssystems gefährdet. Man tut also gut daran, bei der Kommunikation von Personalentwicklungsmaßnahmen solche Argumente heranzuziehen, die sowohl **wahr** als auch **erschöpfend** sind. Nicht erschöpfend wäre eine Argumentation, die bestimmte Dinge bewusst verschweigt, z. B. die Notwendigkeit von Zielvorgaben. Allerdings spricht nichts dagegen, bestimmte Argumente adressatengerecht in den Vordergrund zu stellen.

Ein weiterer Punkt betrifft die intensive Auseinandersetzung mit möglichen Befürchtungen einzelner Gruppen des Unternehmens. Es ist im Allgemeinen nicht so, dass alle Unternehmensangehörigen laut „Hurra" rufen, wenn es heißt, das Unternehmen würde eine systematische Personalentwicklung einführen. Am Beispiel von Jürgens Unternehmen soll dieser Punkt noch einmal ausgeführt werden ...

Jürgen legt den Stift zur Seite und geht seine Liste nochmals durch. Er hat seinem Rahmenkonzept zunächst einmal ein Motto gegeben, mit dem er es seinen Kollegen in der Geschäftsführung vorstellen will: „Unser Personalentwicklungskonzept – zukunftsorientiert, pragmatisch und integrativ". Zukunftsorientiert, weil der Ausgangspunkt ja die Umsetzung der Unternehmensstrategie ist. Pragmatisch, weil Jürgen fest entschlossen ist, ein Bündel solcher Maßnahmen vorzusehen, die eine rasche, verständliche und vom Aufwand her überschaubare Umsetzung möglich machen. Integrativ ist sein Konzept in der Hinsicht, dass nun die bisherigen Aktivitäten (z. B. der Seminarkatalog) unter ein Rahmenkonzept gebündelt werden.

Jürgen hat bewusst solche Schlagworte wie „Innovativ", „Mitarbeiterorientiert" oder „Der Mensch im Mittelpunkt" weggelassen – diese Versprechen würden möglicherweise Erwartungen wecken, die er nicht erfüllen kann.

Ihr Erfolg bei der internen Vermarktung einer systematischen Personalentwicklung hängt in hohem Maß davon ab, wie überzeugend Sie die Vorteile Ihres Konzeptes darstellen bzw. möglichen Einwänden begegnen können.

Deshalb haben wir in den folgenden Checklisten sowohl die Argumente, die für Ihr Sechs-Schritte-Konzept sprechen, als auch die möglichen Gegenargumente zusammengefasst:

Argumente, um die Geschäftsführung und die Führungskräfte zu überzeugen:

♦ Die Umsetzung der Unternehmensstrategie wird durch Optimierung auf der Personalseite gefördert.

♦ Wir werden in Zukunft weniger Nachwuchskräfte vom Markt kaufen müssen, da wir mehr Positionen intern besetzen können.

♦ Wir werden stärker als bislang in der Lage sein, gute Mitarbeiter zu binden, da wir sowohl berufliche Perspektiven als auch Perspektiven im Hinblick auf die persönliche Entwicklung aufzeigen können.

♦ Je breiter die Kompetenzen unserer Mitarbeiter und Führungskräfte sind, um so besser und flexibler können wir uns auf Veränderungen einstellen.

♦ Die Führungskräfte können zunehmend anspruchsvollere Aufgaben delegieren und die dadurch freigewordenen Ressourcen für andere unternehmerische Aktivitäten nutzen.

Systematische Personalentwicklung nützt den Mitarbeitern aus folgenden Gründen:

Argumente, um die Mitarbeiter und den Betriebsrat zu überzeugen:

♦ Die Mitarbeiter erhalten die Chance, ihr persönliches Kompetenzportfolio zu verbreitern.

♦ Die Mitarbeiter erhalten die Möglichkeit, sich neuen (und vielleicht interessanteren) Aufgabenfeldern zu widmen.

♦ Die Mitarbeiter werden dabei unterstützt, die ständigen Veränderungen und damit verbundenen Herausforderungen erfolgreich zu bewältigen.

- Das Unternehmen investiert in die Mitarbeiter – ein klares Signal im Hinblick auf Wachstumsorientierung.
- Die Förderung der Mitarbeiter wird unabhängiger von direkten Vorgesetzten (bestimmt schlummern einige Potenziale, die der direkte Vorgesetzte nicht erkennt oder zu heben weiß).
- Die generelle Employability (d. h. das Erfolgspotenzial auf sich verändernden Arbeitsmärkten) wird gesteigert.

Jürgen weiß, dass insbesondere die letzten beiden Argumente kritisch sind – er wird sie schriftlich sicherlich nicht kommunizieren. Das vorletzte Argument impliziert eine Kritik an einzelnen Vorgesetzten, die möglicherweise nicht in der Lage waren, ihre Mitarbeiter entsprechend deren persönlichen Voraussetzungen zu fördern. Das letzte Argument könnte so missverstanden werden, als ob man die Mitarbeiter entwickeln wollte, damit im Falle eines Falles eine schmerzfreiere Trennung möglich wäre. Aber er ist davon überzeugt, dass ein Unternehmen nichts Besseres für seine Mitarbeiter tun kann, als die Employability eines jeden einzelnen zu steigern. Und so, wie Jürgen den Betriebsratsvorsitzenden einschätzt, ist ihm das vermittelbar, und er ist bereit, dafür die eine oder andere Kröte zu schlucken, die notwendig ist.

Jürgen hat bewusst bestimmte Dinge weggelassen, z. B. die Steigerung der Mitarbeiterzufriedenheit. Ihm ist klar, dass das nur bedingt der Fall sein wird. So werden beispielsweise einige Mitarbeiter, die sich einfach nicht entwickeln möchten, den Gesamtprozess als eine zusätzliche Belastung empfinden.

Nun zu den möglichen Gegenargumenten: Jürgen hört sie in seinem Kopf schon förmlich auf sich niederprasseln. Teilweise offen formuliert, teilweise – aufgrund nicht ausgesprochener Befürchtungen – auf Nebenkriegsschauplätze verlagert.

Mit den folgenden Befürchtungen und Argumenten gegen eine systematische Personalentwicklung seitens der Geschäftsführung und anderer Führungskräfte sollten Sie rechnen:

Gegenargumente der Geschäftsführung

♦ Personalentwicklung ist teuer.

♦ Für Personalentwicklung sind die direkten Vorgesetzten im Rahmen ihrer eigenen Führungsverantwortung zuständig.

♦ Wenn das PE-Konzept bestimmte eindeutige Beurteilungen der Mitarbeiter vorsieht, wird dadurch das Verhältnis von Vorgesetzten und Mitarbeitern belastet.

♦ Die Erfolgskontrolle ist sehr unscharf und der Erfolg kaum wirklich nachweisbar.

♦ Wenn wir Potenzialträger identifizieren und als solche deklarieren, schaffen wir für uns ungünstige Erwartungshaltungen hinsichtlich rascher Karriereschritte und Einkommensentwicklungen.

Auch seitens der Mitarbeiter und des Betriebsrates ist mit Gegenargumenten und unausgesprochenen Befürchtungen zu rechnen:

Gegenargumente der Mitarbeiter und des Betriebsrates

♦ Personalentwicklungsmaßnahmen führen möglicherweise dazu, dass die Anforderungen an die Mitarbeiter steigen und der Erwartungsdruck höher wird.

♦ Da das Rahmenkonzept einen Beurteilungsschritt vorsieht, entsteht eine höhere Transparenz über Leistungsträger und gegebenenfalls Minderleister. Dies könnte dazu führen, dass der Druck auf die weniger leistungsfähigen Mitarbeiter steigt.

♦ Die Beurteilungen könnten – wenn sie zentral dokumentiert werden – auch bei späteren Platzierungsentscheidungen herangezogen werden und damit ihrem ursprünglichen Sinn entfremdet werden.

♦ Mitarbeiter, die sich einfach nicht entwickeln möchten, geraten unter Druck.

Jürgen weiß, dass seine Argumente überzeugend sind. Dennoch, die zu erwartenden Gegenargumente werden ganz gewiss nicht einfach mit einem Handstreich zu entkräften sein. Teilweise sind sie ja auch nicht von der Hand zu weisen.

Er ist aber zutiefst davon überzeugt, dass die Vorteile überwiegen und macht sich mit großer Begeisterung daran, sein Konzept einer systematischen Personalentwicklung weiter auszufeilen …

Anforderungen und Lernziele bestimmen

Nicht zuletzt aufgrund der selbst gesammelten Argumente, die für die Notwendigkeit einer Investition in Personalentwicklung sprechen, ist Jürgen mehr denn je fest entschlossen, das Thema nun aktiv anzugehen und im Unternehmen zu forcieren. Allerdings sind da noch Zweifel, ob das so gut Gemeinte auch tatsächlich von dem entsprechenden Erfolg gekrönt sein wird. Schließlich hatte sich sein Vorgänger auch schon die Personalentwicklung auf die Fahne geschrieben, war von seinen Kollegen aber regelmäßig eher belächelt und in der Tagesordnung immer wieder auf den letzten Platz verschoben worden – der dann häufig vertagt wurde, weil andere Punkte mal wieder mehr Zeit beanspruchten, als vorgesehen war. An der Gestaltung der Geschäftsführungssitzungen müsste auch einmal etwas getan werden – aber das ist eine ganz andere Baustelle.

Warum sind die bisherigen Bemühungen eigentlich so wenig erfolgreich gewesen? Jürgen versucht, sich an verschiedene Kommentare, die von Geschäftsführungskollegen angemerkt wurden, zu erinnern und bringt es für sich schließlich auf den Punkt: „Das ist alles ganz nett und sicherlich für unsere Mitarbeiter ein Anreiz und eine Belohnung, wenn wir sie auf Seminare schicken, aber in unserem täglichen Business hilft uns das nicht weiter."

„Das also ist der entscheidende Punkt", denkt Jürgen und sieht vor seinem geistigen Auge den kaufmännischen Geschäftsführer milde lächeln, „wir müssen wegkommen von der Vorstellung eines großzügig anmutenden Selbstbedienungsladens!"

Das Anforderungsprofil als Voraussetzung

Personalentwicklungsangebote verfolgen sicherlich immer auch das Ziel, Mitarbeitern Wünsche hinsichtlich ihrer beruflichen und persönlichen Weiterentwicklung zu erfüllen. In vielen Branchen, die einer sehr schnellen Veränderung unterliegen, z. B. in der EDV-Branche, stellen die Möglichkeiten zur eigenen Weiterqualifizierung zentrale Argumente im Kampf um die heißbegehrten Fachkräfte dar. Sie gehören zum unerlässlichen Angebot an Leistungen, die das Unternehmen seinen Mitarbeitern anbietet, um diese an sich zu binden. Für jeden einzelnen Mitarbeiter bedeutet dies wiederum, den eigenen Marktwert aufrechtzuerhalten. Insofern sind diese Angebote durchaus wertschöpfend, allerdings nicht vorrangig im Sinne des Ausbaus von Qualifikationen und Fähigkeiten, die eine Voraussetzung für den zukünftigen Erfolg des Unternehmens darstellen. Die Auswahl erfolgt hierzu nicht selten viel zu unsystematisch.

■ Wozu dienen Anforderungsprofile?

Aus dem in den meisten Unternehmen vorhandenen Bildungskatalog werden je nach Engagement des Mitarbeiters und der Führungskraft mehr oder weniger häufig und mehr oder weniger bedarfsbezogen Seminare und ähnliche Maßnahmen ausgewählt. So entsteht der Eindruck eines Selbstbedienungsladens, bei vielen auch mit Incentive-Charakter. Dieser wird letztendlich nicht zu ändern sein; es spricht ja nichts dagegen, einem verdienten Mitarbeiter die Teilnahme an einem Kongress zu bewilligen, der ihn sehr interessiert, durch den aber mit großer Wahrscheinlichkeit keine unmittelbare Wertsteigerung durch eine Leistungssteigerung des Mitarbeiters erzielt wird. Die Herausforderung besteht jedoch darin, die Personalentwicklung generell bedarfsbezogen auszurichten, d. h. die Angebote und Maßnahmen an klaren Anforderungsprofilen der verschiedenen Positionen im Unternehmen auszurichten.

Personalentwicklungsbedarf entsteht nach dieser Vorgehensweise dann,

- wenn der Mitarbeiter das bestehende Anforderungsprofil noch nicht in allen Punkten erfüllt,
- wenn sich die Anforderungen durch Marktentwicklungen, technische Neuerungen und neue Unternehmensziele verändern.

Voraussetzung für eine systematische Personalentwicklung, die als wertschöpfender Faktor im Unternehmen verstanden wird, ist daher, die aktuellen und zukünftigen Kernkompetenzen, die Mitarbeiter auf ihren Positionen erfolgreich machen, konkret zu benennen. Diese Anforderungen sollten unmittelbar aus den Zielen abgeleitet werden, die das Unternehmen mit der Einrichtung der jeweiligen Position verfolgt.

Soweit ist sich Jürgen im Klaren. Sein Ansatz zur Personalentwicklung wird die Interessen der einzelnen Mitarbeiter berücksichtigen und diese gleichzeitig vor dem Hintergrund der Anforderungen der jeweiligen Position beleuchten. So ist er auch in der Vergangenheit vorgegangen, wenn er mit seinen Mitarbeitern Qualifizierungsmaßnahmen ausgewählt hat. Bei seinen damaligen Mitarbeitern war ihm allerdings auch immer unmittelbar klar, welche Anforderungen zum gegebenen Zeitpunkt und in Zukunft notwendig sind – und um ehrlich zu sein: es hat sich dabei hauptsächlich um Fachkompetenzen gehandelt. Dagegen hat er sich immer mit überfachlicher Qualifizierung schwer getan. Jürgen denkt seufzend an einen seiner „hoffnungslosen Fälle" für den er immer noch nichts passendes gefunden hat, um dessen „Einfühlungsvermögen" zu optimieren. Wie könnte er die Anforderungen auch für andere Zielgruppen im Unternehmen vollständig beschreiben?

Jürgen nimmt einen Entwurf für eine Stellenanzeige in die Hand. Die Personalabteilung sucht zur Zeit einen Projektleiter für die Produktentwicklung und hat die Fachabteilung um eine Beschreibung fachlicher und überfachlicher Anforderungen gebeten. In der Stellenanzeige tauchen nun aufgrund dieser Angaben neben den Erfahrungen im technischen Bereich folgende Anforderungen auf: „Leistungsmotivation, Flexibilität und Teamfähigkeit". Irgendwie kommt ihm das von anderen Stellenbeschreibungen bekannt vor …

■ Welche Kriterien sollen Anforderungsprofile erfüllen?

Anforderungsprofile existieren in den meisten Unternehmen. In den wenigsten Fällen sind sie allerdings als Grundlage für eine systematische und wertschöpfende Personalentwicklung zu gebrauchen. Um dies sicherzustellen, müssen wiederum die Anforderungsprofile bestimmten Anforderungskriterien genügen:

ANFORDERUNGSKRITERIEN

1. Anforderungsprofile sind positionsspezifisch und konkret.
2. Anforderungsprofile sind aktuell und zukunftsorientiert.
3. Anforderungsprofile können flexibel veränderten Erfordernissen angepasst werden.
4. Anforderungsprofile orientieren sich am wertschöpfenden Aspekt der Position.
5. Anforderungsprofile werden von methodischen und inhaltlichen Experten gemeinsam entwickelt.

Was genau bedeuten diese fünf Kriterien, die ein Anforderungsprofil erfüllen soll?

ANFORDERUNGSPROFILE SIND POSITIONSSPEZIFISCH UND KONKRET
Anforderungsprofile werden oftmals allgemein gehalten, um sie weniger anfällig für Veränderungen zu machen. Es besteht zudem die Tendenz, solche Profile umso allgemeiner zu formulieren, je höher die Position in der Hierarchie angesiedelt ist. So kommt es dazu, dass die bestdotierten Positionen im Unternehmen die kürzesten Stellenprofile verzeichnen. Dies liegt unter anderem daran, dass fachliche Voraussetzungen leichter zu beschreiben sind, diese jedoch auf den Managementebenen immer weniger relevant werden. Da die überfachlichen Kompetenzen im Sinne von „messen" nicht leicht zu fassen bzw. zu erfassen sind, werden sie vernachlässigt. Wie kann man beurteilen, ob jemand über „unternehmerisches Denken" verfügt?

Damit ein Anforderungsprofil für die Personalentwicklung nutzbringend gestaltet werden kann, ist es notwendig, die Anforderungen für jede Position individuell und vollständig zu beschreiben. Anforderungsprofile müssen handlungsrelevant sein, um überhaupt eine Daseinsberechtigung zu haben. Handlungsrelevant heißt hier, dass sie dem Nutzer unmittelbar und konkret die Informationen dafür liefern, welche Qualifikationen und Fähigkeiten einem Mitarbeiter vermittelt werden sollten, aber auch welche Aspekte er in der Auswahl von Mitarbeitern bereits abfragen muss.

Hierbei ist es nach unserer Erfahrung dringend notwendig, sich von klassischen Eigenschaftsbegriffen wie „teamorientiert", „kooperativ", „leistungsmotiviert" etc. zu trennen, denn sie sind zu abstrakt. Fragen Sie einmal fünf Mitarbeiter aus unterschiedlichen Abteilungen, was sie unter Teamorientierung verstehen! Sie werden zehn verschiedene Antworten bekommen. Darüber hinaus hilft es einem Mitarbeiter nur wenig, wenn Sie ihm zurückmelden, er müsse lernen, „strukturierter zu arbeiten". Auch werden Sie nur mit Mühe ein Seminar finden, in dem der Mitarbeiter genau die Kooperationsfähigkeit erwirbt, die Sie sich als Seminarziel erhofften. Wirklich nutzbringende Anforderungsprofile müssen „job-näher" formuliert sein. In welcher Situation ist es notwendig, sich in der angestrebten Position kooperativ zu zeigen, und welches Verhalten ist damit konkret gemeint? „Sie sollten lernen, Informationen zu Produktneuerungen rechtzeitig und umfassend an Kollegen weiterzuleiten" ist eine Entwicklungsaufgabe, an der der Mitarbeiter arbeiten kann – übrigens auch ohne ein Seminar zu besuchen. Formulierungen wie „Sie sollten sich kooperativer im Umgang mit den Kollegen zeigen" sind ungeeignet, weil sie zu wenig konkret sind.

> **Erste Regel:**
> Trennen Sie sich von den abstrakten Eigenschaftsbeschreibungen und formulieren Sie job-nah!

ANFORDERUNGSPROFILE SIND AKTUELL UND ZUKUNFTSORIENTIERT

Im Gegensatz zu gutem Wein werden Anforderungsprofile mit den Jahren nicht besser. Nichts ist so uninteressant und unnütz wie die Anforderungen von gestern. Leider sind in vielen Unternehmen die Profile und Stellenbeschreibungen alles andere als auf dem neuesten Stand, so dass sie letztendlich wiederum nicht handlungsrelevant und damit wertlos sind. Selbst wenn sich die Unternehmen die Mühe machen, die Anforderungen zu aktualisieren, schauen sie dabei nicht immer in die Zukunft.

Personalentwicklung ist jedoch nur dann wertschöpfend, wenn sie der Zeit nicht „hinterherhinkt", sondern auf neue Aufgaben und Anforderungen reagiert, mittelfristig vorhersehbare Veränderungen einbezieht und wenn rechtzeitig agiert wird. Daher sollten die Anforderungsprofile immer einen Schritt voraus sein und bereits zukünftige Anforderungen einbeziehen. Hierbei reicht es schon, einen Zeitraum von ca. drei Jahren zu betrachten, da viel mehr erfahrungsgemäß nicht realisierbar sein wird.

Zweite Regel:
Fragen Sie nach zukünftigen Veränderungen und Neuerungen, und nehmen Sie sie bereits heute in das Anforderungsprofil auf!

ANFORDERUNGSPROFILE KÖNNEN FLEXIBEL VERÄNDERTEN ERFORDERNISSEN ANGEPASST WERDEN

Beim Lesen der letzten beiden Abschnitte haben Sie wahrscheinlich zustimmend genickt und kurz darauf gleichzeitig kopfschüttelnd an eine Erweiterung der Personalabteilung mit zwei bis fünf „Anforderungsprofilverantwortlichen" gedacht. Will man den Ansprüchen, die an die Anforderungsprofile gestellt werden, genügen, so ist es unerlässlich, die Profile regelmäßig mit einem hohen Maß an Konkretheit zu aktualisieren. Das heißt, die Existenz nutzbringender Anforderungsprofile scheitert in den meisten Fällen an dem dafür benötigten Aufwand. Eine einfache Kosten-/Nutzen-Überlegung macht dann alle hehren Ziele zunichte. Es müsste also eine Methode gefunden werden, mit der gleichzeitig ein hohes Maß an Konkretheit und Aktualität realisiert und der dafür benötigte Arbeitsaufwand minimiert werden kann.

Die Lösung hierfür ist eine Art Fragmentierung des Anforderungs-profils. Es ist sehr unwahrscheinlich, dass sich die Aufgabenfelder einer Position komplett ändern. Projektleiter z. B. arbeiten von Jahr zu Jahr in sehr unterschiedlichen Projekten mit unterschiedlichsten Zielstellun-gen, aber bei genauer Betrachtung kann man feststellen, dass die Aufgaben stets nahezu die gleichen bleiben – sie leiten eben Projekte. Änderungen bestehen in zusätzlichen, d. h. ergänzenden Zielsetzungen und Aufgabenfeldern bzw. im Wegfall von Aufgaben und Verantwort-lichkeiten. Daher bietet es sich an, Anforderungsprofile so aufzubauen, dass wie in einem Baukastensystem von Zeit zu Zeit der „gelbe" Baustein „Akquise von Neukunden" mit den dazugehörigen Anfor-derungen entnommen und der „grüne" Baustein „Einarbeitung neuer Mitarbeiter" mit den entsprechenden Anforderungen ergänzt werden kann. Der Rest des Turmes bleibt unberührt, Sie müssen ihn nicht komplett neu bauen!

Dritte Regel:
Halten Sie Ihre Anforderungsprofile flexibel, indem Sie sie als Baukastensystem entwickeln!

ANFORDERUNGSPROFILE ORIENTIEREN SICH AM WERTSCHÖPFENDEN ASPEKT DER POSITION

Wie bereits erwähnt sollte der Aspekt der Wertschöpfung bei der Personalentwicklung und daher auch bei der Formulierung von Anforderungsprofilen immer vorrangige Bedeutung haben. Welches Unternehmen hat sich schon das Ziel auf die Fahne geschrieben, seine Mitarbeiter schlauer und kompetenter zu machen? Letztendlich stellt sich doch die Frage, welchen Beitrag die Personalentwicklung zum Unternehmenserfolg hat. Dass dies eine schwer zu lösende Aufgabe ist, wird im Kapitel „Was hat es gebracht? – Die Erfolgskontrolle" noch einmal näher beleuchtet werden. Es soll Sie trotzdem nicht daran hindern, bereits bei der Formulierung der Zielsetzungen für die Personalentwicklung, d. h. auch wenn Sie die Anforderungsprofile formulieren, folgende zentrale Fragen zu stellen:

- Warum leisten wir uns diese Position?
- Welchen Beitrag leistet sie zum Unternehmenserfolg?
- Kurz: Welche Ziele verfolgt diese Position?

Anforderungsprofile sollten sich nicht nur an den aktuellen und zukünftigen Aufgaben orientieren. Ausgangspunkt der Überlegungen sollte immer die Zielsetzung der Position im Unternehmen sein. Das mag sehr theoretisch klingen und akademisch anmuten, in der Praxis aber ist dies häufig sehr einfach zu definieren. Nehmen Sie noch einmal den oben erwähnten Projektleiter als Beispiel. Welche Ziele verfolgt diese Position? Warum leistet sich das Unternehmen diesen gut bezahlten Mitarbeiter? Trotz der ständig wechselnden konkreten Zielstellungen in den verschiedenen Projekten ist gerade für diese Position die Definition einfach. Sie verfolgt eigentlich nur ein Ziel: Es soll sichergestellt sein, dass die Projektziele in dem vereinbarten Zeitrahmen und mit den zur Verfügung gestellten Ressourcen erreicht werden.

> **Vierte Regel:**
> **Fragen Sie nach den Zielen, die mit der Einrichtung einer Position verfolgt werden!**

ANFORDERUNGSPROFILE WERDEN VON METHODISCHEN UND INHALTLICHEN EXPERTEN GEMEINSAM ENTWICKELT

Bevor geklärt wird, auf welche Art die beschriebenen Regeln in der Anforderungsanalyse befolgt werden können, stellt sich noch eine zentrale Frage: Wer sollte die Anforderungsanalyse durchführen?

Wie bei vielen anderen Instrumenten der Personalarbeit liegt ein entscheidender Erfolgsfaktor darin, die Ansprechpartner der Personalabteilung einzubinden. Zum einen ist dies notwendig, um deren Akzeptanz für die erforderlichen Anforderungsprofile zu erhöhen, zum anderen befinden sich in den Fachabteilungen die wirklichen Experten für die betroffenen Positionen – nicht aber für die Methodik der Anforderungsanalyse.

Die Methodik sollte die Personalabteilung bereitstellen. Hierbei ist es wichtig, dass die Vorgehensweise schlank ist und als realitätsnah erlebt wird. Auch aus diesem Grund ist es von Vorteil, sich von klassischen psychologischen Eigenschaftsbegriffen zu lösen und konkret nach Kompetenzen zu fragen, die im Zusammenhang mit den jeweiligen Aufgaben benötigt werden.

Insgesamt sollte eine Anforderungsanalyse zur ersten Beschreibung einer Position nicht länger als 45 Minuten dauern. Wenn die Ansprechpartner das Prozedere bereits kennen, kann man ihnen in schriftlicher Form übertragen, die Profile zu aktualisieren, so dass kein gesonderter Termin vereinbart werden muss. Der langfristige Erfolg der Vorgehensweise ist auch davon abhängig, ob die Fachabteilung bei der Anforderungsanalyse zu einer positiven Kosten-/Nutzen-Einschätzung kommt.

> **Fünfte Regel:**
> Fragen Sie die Experten, aber quälen Sie sie nicht mit langwierigen, realitätsfernen Verfahren!

So erstellen Sie das Anforderungsprofil

Wie erstellt man ein Anforderungsprofil, das die erforderlichen Kriterien erfüllt? Wir arbeiten regelmäßig und erfolgreich mit der Methode der „Dynamischen Stellenprofile".

Die Methode ist so einfach wie effektiv. Über ihre Systematik können Sie sich mit Hilfe der folgenden Abbildung einen Überblick verschaffen:

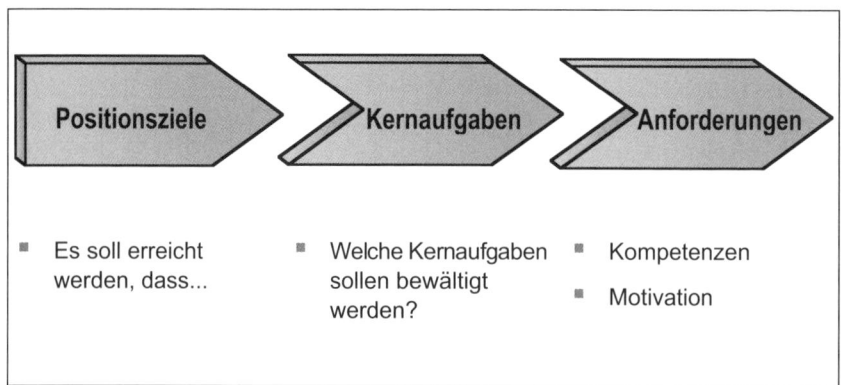

Abbildung: Systematik der dynamischen Stellenprofile

Die Abbildung zeigt, dass die Methode der „Dynamischen Stellenprofile" aus drei Schritten besteht.

■ Schritt 1: Positionsziele

Ausgangspunkt ist die Frage nach der Zielsetzung, die mit der betroffenen Position verfolgt wird. Auf diese Weise wird Anforderung Nummer 4: „Anforderungsprofile orientieren sich am wertschöpfenden Aspekt der Position" erfüllt. Erfahrungsgemäß ergeben sich in der Anforderungsanalyse ein bis vier Ziele. Falls Sie mehr erhalten sollten, bewegen Sie sich mit hoher Wahrscheinlichkeit auf einer anderen Abstraktionsebene und beschreiben Aufgaben statt Ziele.

■ Schritt 2: Kernaufgaben

Im nächsten Schritt werden die Kernaufgaben definiert, die erfüllt werden müssen, um die Ziele zu erreichen. Dabei sollten sowohl aktuelle als auch zukünftige Aufgaben berücksichtigt werden. Damit ist das Kriterium Nummer 2: „Anforderungsprofile sind aktuell und zukunftsorientiert" erfüllt. Es sollte jedoch gekennzeichnet werden, welche Aufgaben derzeit noch nicht relevant sind, um Irritationen vorzubeugen. Dieser zweite Schritt stellt sicher, dass das komplette Anforderungsprofil konsequent aus den Zielen abgeleitet wird. Sollte

der Mitarbeiter dann weitere Aufgaben in seinem Arbeitsalltag wahrnehmen, die zwar erfolgsrelevant sind, sich aber keiner Zielsetzung
zuordnen lassen, haben Sie vermutlich eine Zielsetzung nicht
formuliert.

Allerdings sollte die Beschreibung auf Kernaufgaben beschränkt sein, d. h.,
hier sollten nur solche Aufgaben aufgeführt werden, die wirklich erfolgsrelevant für die Position sind. Zuweilen werden hierdurch administrative Aufgaben, wie z. B. Büroorganisation, nicht aufgeführt. Das ist
auch richtig für das Profil des Geschäftsführers, nicht aber für das seiner
Sekretärin. Zur Unterscheidung ist daher folgende Fragestellung
hilfreich: Kann ein Positionsinhaber die Ziele der Position erreichen,
wenn er diese Aufgabe schlecht ausführt? Erfahrungsgemäß sind zur
vollständigen Beschreibung maximal fünf Kernaufgaben pro Zielsetzung notwendig.

■ Schritt 3: Anforderungen

Im dritten und letzten Schritt werden die Kompetenzen, d. h. Anforderungen definiert, die notwendig sind, um die aufgelisteten Aufgaben
erfolgreich auszuführen. Auch hierbei sollten Sie sich auf die zentralen
Kompetenzen beschränken. Eine hilfreiche Leitfrage, die Sie Ihrem
Ansprechpartner aus der Fachabteilung hierzu stellen können, lautet:
„Was kann jemand typischerweise nicht, der diese Aufgabe nicht
erfolgreich ausführt?"

Um der Anforderung Nummer 1: „Anforderungsprofile sind positionsspezifisch und konkret" gerecht zu werden, wird auf Eigenschafts-
beschreibungen verzichtet. Vielmehr sollten sie beschreiben, was
jemand können muss, um die Aufgabe auszufüllen, nicht wie er sein
muss. Die Formulierungen beginnen daher immer mit dem Wort
„kann". Für die Sekretärin wären Kompetenzen wie „Kann Termine
zeiteffizient und realistisch planen", „Kann mit schwierigen Kunden
freundlich umgehen", „Kann sich auch gegenüber hochrangigen
Ansprechpartnern durchsetzen" etc. denkbar – je nachdem, welche
Kernaufgaben sie wahrnehmen soll.

Ausnahmen ergeben sich, wenn nicht Kompetenzen die erfolgskritischen Anforderungen darstellen. Wie oft scheitern Vorhaben nicht am Können, sondern am Wollen! Hier gilt es also, ergänzend zu den Kompetenzen zu überprüfen, inwieweit motivatorische Aspekte die wahren erfolgsrelevanten Anforderungen sind. Für die Sekretärin sind eventuell Anforderungen wie „Will administrative Aufgaben wie die Ablage regelmäßig durchführen", „Will sich in das Spannungsfeld zwischen Chef und Mitarbeitern begeben" und „Will nicht Karriere machen" relevant. Bei dem letzten Punkt haben Sie möglicherweise irritiert reagiert. „Will nicht Karriere machen" als Anforderung? Wir würden sagen „unbedingt", wenn man ehrlicherweise garantiert keine Karriere anbieten kann! Gerade wenn das Anforderungsprofil auch für die Personalauswahl genutzt werden soll, müssen solche Aspekte mit aufgenommen werden.

Die weiteren motivatorischen Anforderungen sind darüber hinaus auch unmittelbar relevant für die Personalentwicklung, wenngleich sie ein völlig anderes Methodenspektrum der Personalentwicklung ansprechen. Mit einem Seminar wird es nicht getan sein, wenn jemand Einstellungen und Haltungen verändern soll. Allerdings ist gerade die Unterscheidung zwischen Kompetenzen (Können) und Motiven (Wollen) sehr hilfreich, um später differenzieren zu können, welche Personalentwicklungsmaßnahme nützlich ist.

Es geschieht viel zu oft, dass Mitarbeiter auf ein kompetenzvermittelndes Seminar geschickt werden, obwohl sie nicht die notwendigen Motive oder Einstellungen mitbringen. Wenn sich z. B. die erwähnte Sekretärin nicht dazu durchringen **will**, das Wissen, über das sie bereits verfügt, auch einzusetzen, wie beispielsweise die ungeliebte Ablage regelmäßig durchzuführen, ist ein Seminar „Effektives Officemanagement" falsch.

Dadurch, dass die Anforderungen – seien es nun Motive oder Kompetenzen – jeweils für bestimmte Kernaufgaben definiert werden, erfüllt das Vorgehen den geforderten Baukastencharakter und die Forderung Nummer 3: „Anforderungsprofile können einem flexibel veränderten Bedarf angepasst werden" ist erfüllt. Denn fällt eine

Aufgabe weg, so fallen auch die dazugehörigen Anforderungen weg. Kommt eine neue Aufgabe hinzu, müssen nur neue Anforderungen für diese neue Aufgabe ergänzt werden.

Ihre eigene Aufgabe ist es, die fünfte Anforderung „Anforderungsprofile werden von methodischen und inhaltlichen Experten gemeinsam entwickelt" mit Hilfe der geschilderten Methodik zu verwirklichen.

Jürgen ist zufrieden. So könnte es funktionieren! Um zu überprüfen, wie praktikabel die Systematik ist, vereinbart er gleich einen Termin mit dem zukünftigen Vorgesetzten des gesuchten Projektleiters in der Produktentwicklung. Er kennt den Kollegen gut und weiß, dass dieser Neuem gegenüber immer aufgeschlossen ist. Er ist sicher, in ihm einen guten Ansprechpartner für den ersten Versuch, ein dynamisches Stellenprofil zu erstellen, zu finden.

Das Gespräch verläuft sehr erfolgreich. Jürgen ist jedoch überrascht, wieviel Zeit der Abteilungsleiter benötigt, um klar zu definieren, welche Zielsetzung die Position des Projektleiters verfolgt. Darüber scheinen sich Führungskräfte wenig Gedanken zu machen. Danach läuft die Anforderungsanalyse fast wie von selbst. Vor allem die klare Orientierung an konkreten Kernaufgaben gefällt dem Abteilungsleiter sehr gut.

Jürgen ist zwischenzeitlich im Gespräch versucht, seinem Ansprechpartner Formulierungen mit „kann…" und „will…" abzuringen, was bei dem Abteilungsleiter auf Unwillen stößt. „Jetzt werde ich wohl doch zu akademisch", denkt Jürgen und erinnert sich daran, dass er sich ja eigentlich vorgenommen hatte, seine Ansprechpartner nicht mit umständlichen Verfahren zu quälen. Schnell reagiert er und macht sich Notizen zu den eigenständig formulierten Anforderungen des Abteilungsleiters und stellt lediglich sicher, dass er die Information erhält, ob der Erfolg erfahrungsgemäß mit „Wissen" oder mit „Wollen" verknüpft ist. Auf diese Fragen erhält er klare Antworten, so dass er sich nach dem Gespräch zufrieden an seinen Computer setzt und folgende Checkliste entwickelt:

BEISPIEL: ERSTELLUNG EINES DYNAMISCHEN ANFORDERUNGSPROFILS

Ziel:
Sicherstellen, dass die Projektziele in dem vereinbarten Zeitrahmen und mit den zur Verfügung gestellten Ressourcen erreicht werden

Kernaufgaben	Anforderungen
Projekte planen	◆ Kann technische Anforderungen X und Zusammenhänge im Bereich Y realistisch einschätzen ◆ Kann Ressourcen realistisch planen ◆ Kann kritische Projektphasen identifizieren ◆ . . .
Projekte controllen	◆ Kann den Projektstand mit aussagefähigen Kennziffern darstellen ◆ Will regelmäßig den Projekterfolg überprüfen ◆ . . .
Projekte nach außen vertreten und vermarkten	◆ Kann überzeugend und begeisternd gegenüber internen Kunden auftreten ◆ Kann auch gegenüber kritischen internen Kunden souverän auftreten ◆ Will repräsentative Tätigkeiten übernehmen ◆ . . .

Trouble Shooting durchführen	◆ Kann in Krisensituationen schnell und sicher entscheiden
	◆ Kann konfliktäre Gespräche mit internen Kunden konstruktiv führen
	◆ Will die Verantwortung für den Projekterfolg übernehmen
	◆ . . .
Projektmitarbeiter führen	◆ Kann Konflikte im Team lösen
	◆ Kann auch in schwierigen Projektphasen die Motivation aufrecht erhalten
	◆ Kann Projektmitarbeiter zielorientiert bei der Aufgabenbewältigung unterstützen
	◆ Will eine herausgehobene Position im Team übernehmen
	◆ . . .
...	◆ ...

Welche Potenziale haben die Mitarbeiter?

Jürgen ist zufrieden mit dem, was er bisher erreicht hat. Die Grundlage steht – er weiß nun zumindest, wohin er will, d. h. welche Ziele die Personalentwicklung auf den verschiedenen Positionen im Unternehmen verfolgen sollte. Jetzt aber gilt es herauszufinden, inwieweit die Mitarbeiter diesen Anforderungen bereits genügen. Ihm fallen spontan einige Mitarbeiter ein, die im Unternehmen als „High Potentials" gehandelt werden. Auf welcher Grundlage eigentlich? Weil sie genauso handeln, wie ihr Vorgesetzter, und dieser sich im Unternehmen stolz mit ihren Erfolgstaten brüstet? Auf der anderen Seite hat er den Verdacht, dass einige Potenzialträger, die nicht von sich aus aktiv werden und in Erscheinung treten, ihm auch von deren Vorgesetzten vorenthalten werden. Wer gibt schon gerne einen Leistungsträger ab, weil dieser sich intern weiterentwickeln möchte?

Aber auch wenn er an jene denkt, die nicht zu den sogenannten Potenzialträgern gehören, sondern einfach zu den Mitarbeitern, die alle ihre Stärken und Schwächen haben, bekommt er Bauchschmerzen bei dem Gedanken, den Führungskräften den Auftrag zu erteilen, diese kontinuierlich im Sinne der Anforderungsprofile zu fördern. Einige machen das heute schon sehr gut – keine Frage. Andere machen es wenig zielführend, wieder andere gar nicht. Jürgen kann ihnen hieraus beim besten Willen keinen Vorwurf machen. Er selbst war in der Position eines Abteilungsleiters, der einen langen Arbeitstag hatte und sich nicht täglich mit Themen wie systematischer Personalentwicklung beschäftigen konnte. Qualifizierungsmaßnahmen wurden daher auch in seiner Abteilung eher anlassbezogen und „zwischen Tür und Angel" geplant.

„Personalentwicklung ist aber eindeutig Führungsaufgabe", sagt Jürgen entschlossen und spricht dabei laut zu sich selbst, als wären seine Kollegen im Raum anwesend. Diesen Entschluss seines Vorgängers will er auf jeden Fall beibehalten. Er hat auch beobachtet, wie dieser Grundsatz immer löchriger wurde, indem die Personalabteilung dort aktiv eingegriffen hatte, wo die Führungskräfte selbst diese Aufgabe nicht optimal ausgefüllt hatten. Das hatte

dann schließlich dazu geführt, dass die Führungskräfte sich auch dementsprechend nicht mehr verantwortlich gefühlt hatten. Klar! „Diesen Kreislauf werde ich nicht weiter unterstützen", führt Jürgen seine imaginäre Rede fort, „die Verantwortung für die individuelle Personalentwicklung bleibt bei den Führungskräften, die Personalabteilung ist verantwortlich dafür, dass Instrumente vorhanden sind, mit denen Sie als Führungskräfte möglichst pragmatisch und zielführend Ihrer Aufgabe gerecht werden können. Dieses Ziel habe ich mir auf die Fahne geschrieben!"

Es müsste also ein Instrument entwickelt werden, mit dem die Führungskräfte in regelmäßigen Abständen eine anforderungsbezogene Einschätzung der Stärken und Entwicklungsfelder ihrer Mitarbeiter vornehmen und aufgrund dessen mit ihnen individuelle Entwicklungsmaßnahmen planen könnten. Gleichzeitig müsste dieses Verfahren Hilfestellungen für „Nicht-Personalentwicklungs-Experten" bieten und dürfte nicht als aufwendiges oder gar lästiges Übel erlebt werden.

Das Personalentwicklungsgespräch

Das so genannte Personalentwicklungsgespräch existiert in ebenso vielen Varianten wie es Unternehmen gibt, die es praktizieren. Es trägt dort die verschiedensten Namen wie „Mitarbeitergespräch", „Jahresgespräch", „Beurteilungsgespräch" etc. Meist einmal jährlich sollen Mitarbeiter und Führungskraft einen speziellen Termin vereinbaren, bei dem nur der Mitarbeiter mit seinen Potenzialen und seiner weiteren Entwicklung und zuweilen auch dessen Zusammenarbeit mit dem Vorgesetzen im Vordergrund stehen. Es ist zumeist in folgende Abschnitte untergliedert:

1. Jahresrückblick: Welche Erfolge hat der Mitarbeiter erzielt, was hat noch nicht gut funktioniert?
2. Standortbestimmung des Mitarbeiters anhand von definierten Kriterien
3. Mögliche Entwicklungsziele des Mitarbeiters, z. B. neue Aufgabengebiete oder Aufstieg in der Hierarchie
4. Geplante Personalentwicklungsmaßnahmen für das kommende Jahr
5. Eventuell: Feedback an den Vorgesetzten

Nicht ohne Grund wird das Personalentwicklungsgespräch in sehr vielen Unternehmen angewandt, denn es erfüllt folgende Funktionen:

- **Regelmäßige, systematische Personalentwicklungsplanung**
  Einmal im Jahr nehmen sich Mitarbeiter und Führungskraft Zeit, um sich nur um die Personalentwicklung zu kümmern. Gibt es einen solchen Termin nicht, fällt vieles im Arbeitsalltag unter den Tisch.

- **Feedback für den Mitarbeiter**
  Mitarbeiter wollen wissen, wie ihre Führungskraft sie einschätzt. Im Arbeitsalltag wird häufig nach dem Prinzip „wenn ich nichts sage, ist alles in Ordnung" gehandelt.

- **Bewertungsstandards werden etabliert**
  Durch vorgegebene Bewertungskriterien wird die Beurteilung weniger beliebig, wenngleich eine völlige Objektivität nie erreicht werden kann, da letztendlich hier immer noch Menschen Feedback geben.

- **Die Personalabteilung erhält Informationen über Potenzialträger und mögliche Nachfolger**
  Je nachdem, welche Informationen aus den Gesprächen an die Personalabteilung weitergeleitet werden, erhält diese wertvolle Hinweise über Mitarbeiter und deren Stärken und Verbesserungsfelder. Auf damit verbundene Probleme und deren Lösung wird später in diesem Kapitel näher eingegangen.

- **Die Personalabteilung erhält Information über den Bedarf an Personalentwicklungsmaßnahmen im Unternehmen**
  Aus der Gesamtsicht der geplanten Maßnahmen können Angebote der Personalentwicklung bedarfsorientiert gestaltet werden, ohne hierfür langwierige Bedarfsanalysen durchzuführen.

Jürgen fällt in seinen Überlegungen sofort das Personalentwicklungsgespräch ein, das sein Vorgänger mit viel Aufwand eingeführt hatte und das bereits nach zwei Jahren wieder eingeschlafen war. Mit Unbehagen denkt er an die unerfreulichen Diskussionen mit dem Betriebsrat und den Führungskräften zurück, denen sich sein Vorgänger stellen musste. Damals stand er noch auf der anderen Seite und hatte gegen das Personalentwicklungsgespräch gewettert – zu Recht, wie er auch heute noch findet. „Da ist er aber wirklich nicht geschickt vorgegangen," denkt sich Jürgen, „aber", grinst er optimistisch „Fehler sind dazu da, um aus ihnen zu lernen, und wenn es nicht die eigenen waren, um so besser!" Er beginnt, rückblickend die zentralen Stolpersteine zu notieren, die das gut gemeinte Instrument schließlich zu Fall gebracht haben:

■ Stolperstein 1: Koppelung an die Vergütung

Wenn schon eine Beurteilung von Kompetenzen und Leistungen vorgenommen wird, was liegt dann näher, als diese als Grundlage für die Vergütungsfindung zu nutzen, z. B. um über eine Gehaltssteigerung oder über die Höhe der variablen Vergütung zu entscheiden? Diese Lösung scheint perfekt, da solchen Entscheidungen häufig vorgeworfen wird, sie seien aufgrund von „Nasenfaktoren", also sehr willkürlich, oder aber nach dem „Gießkannenprinzip" getroffen worden. Es scheint Führungskräften schwer zu fallen, diese Entscheidung möglichst gerecht an den Leistungen zu orientieren. Sie bevorzugen deshalb oft, jedem das gleiche zu geben anstatt jedem das, was ihm aufgrund seiner Leistung zusteht.

Aus diesem Grund wird gerne die Chance ergriffen, anhand von quantitativen Bewertungen zu einem augenscheinlich objektiven Entschluss zu kommen. Eine solche „Rechnung" könnte z. B. folgendermaßen aussehen: „Leistungsmotivation = 1; Arbeitsqualität = 4; Innovativität = 3; ... Durchschnittswert = 2; ergibt eine Gehaltssteigerung von x %". Hierbei werden aber zwei fundamentale Probleme produziert, welche die ursprüngliche Zielsetzung des Personalentwicklungsgespräches mit nahezu 100%iger Wahrscheinlichkeit zunichte machen.

Das erste Problem ist, dass die Rückmeldung zu Stärken und Verbesserungsfeldern anhand übergreifender Bewertungsstandards zwar erreicht wird, nicht jedoch eine perfekt objektive Beurteilung. Die Rückmeldung bleibt zu einem gewissen Grad subjektiv, denn jede Führungskraft ist mehr oder weniger anspruchsvoll, legt die Messlatte für „zufriedenstellende Leistung" unterschiedlich hoch an. Die Vergütungsfindung sollte daher nie unmittelbar an eine Einschätzung von allgemeinen Leistungskriterien in Personalentwicklungsgesprächen gekoppelt werden. Hierzu eignen sich Zielvereinbarungsgespräche deutlich besser. Ziele, die der Mitarbeiter in einem bestimmten Zeitabschnitt erreichen soll, werden so vereinbart, dass die Zielerreichung rückblickend objektiv gemessen werden kann. Auf eine solche Bewertung kann man getrost die Vergütungsfindung stützen. Obwohl das Personalentwicklungs- und das Zielvereinbarungsgespräch in der Praxis oftmals gleichzeitig geführt und nicht klar getrennt werden, sollte man nicht vergessen, dass sie grundsätzlich verschiedene Zielsetzungen verfolgen und daher getrennte Gesprächsabschnitte darstellen sollten.

Das zweite Problem ist, dass in der Praxis die Koppelung der Vergütungsfindung an das Personalentwicklungsgespräch vor allem daran scheitert, dass das gesamte Gespräch hierdurch einen völlig anderen „Tenor" bekommt. Vielen Führungskräften fällt es ohnehin ausgesprochen schwer, ihren Mitarbeitern offen und ehrlich Feedback zu Verbesserungsfeldern zu geben. Was nun passiert, wenn der Mitarbeiter während des Gespräches hauptsächlich auf Gedanken wie „was bedeutet das, was er sagt nun für meinen nächsten Urlaub, und wie kann ich ihn vom Gegenteil überzeugen?" konzentriert ist, liegt auf der Hand.

Einen Überblick über die unterschiedlichen Aufgaben von Personal- bzw. Zielvereinbarungsgespräch gibt Ihnen die folgende Übersicht:

PERSONALENTWICKLUNGSGESPRÄCH	ZIELVEREINBARUNGSGESPRÄCH
▪ Feedback zu Stärken und Entwicklungsfeldern für den Mitarbeiter ▪ Systematische Planung der individuellen Personalentwicklung ▪ Informationen zu Potenzialträgern ▪ Informationen zur Gestaltung des Personalentwicklungsangebotes im Unternehmen	▪ Ausrichtung des Handelns einzelner Mitarbeiter auf die Unternehmensziele ▪ Vergütungsfindung ▪ Klärung eventueller Zielkollisionen im Team ▪ Formulierung der Erwartungen hinsichtlich individueller Leistungsbeiträge des einzelnen im Team

Eines soll jedoch abschließend klargestellt werden: Natürlich wird die Einschätzung der Stärken und Verbesserungsfelder durch die Führungskraft – aufgrund von Zielvereinbarung oder anderen leistungsbezogenen Kriterien – mit der Vergütung in irgendeiner Art positiv korrelieren. Mitarbeiter, die ihre Ziele vollständig erfüllen, haben vermutlich auch viele Stärken und umgekehrt. Es sollte auf jeden Fall vermieden werden, die Einschätzung, die im Rahmen des Personalentwicklungsgespräches entsteht, als Grundlage zu nutzen oder gar einen direkt berechenbaren Zusammenhang herzustellen!

■ Stolperstein 2: Gestaltung des Gesprächsleitfadens

Das perfekte Personalentwicklungsgespräch gibt es nicht, insofern gibt es ebenso wenig den perfekten Gesprächsleitfaden. Aufgrund kultureller Unterschiede führen in unterschiedlichen Unternehmen verschiedene Lösungen zum Ziel, und Formulierungen werden unterschiedlich interpretiert. Einige Dinge haben sich nach unseren Erfahrungen generell bewährt, so dass wir daraus folgende Richtlinien zur Gestaltung des Gesprächsleitfadens anbieten können:

STRUKTUR DES BOGENS

Die wichtigste Leitlinie: Der Bogen muss so kurz und verständlich wie möglich sein. Das Gespräch sollte nicht länger als 60–90 Minuten dauern. Auch die Anleitung zum Vorgehen im Gespräch sowie zur Arbeit mit dem Gesprächsleitfaden ist in vielen Fällen deutlich zu lang – mit der Konsequenz, dass sie nicht gelesen wird. Es ist also wichtig, sich auf die zentralen Informationen zu beschränken. Zwei Seiten Erläuterungen sollten auf jeden Fall ausreichend sein.

Das Gespräch sollte durch den Gesprächsleitfaden gut vorstrukturiert sein. Einfache Mittel, wie z. B. vorgegebene Felder stellen sicher, dass bestimmte Inhalte auf jeden Fall besprochen und Vereinbarungen konkret getroffen werden. In den verschiedenen Abschnitten des Gesprächsleitfadens werden die Möglichkeiten der Vorstrukturierung konkret erläutert.

JAHRESRÜCKBLICK

Dieser Abschnitt kann ziemlich offen gehalten werden, da er zu Beginn des Gespräches den offenen Austausch über ein Resümee des letzten Jahres fördern soll.

Hilfreich sind einleitende Fragestellungen, wie z. B. „Welche Erfolge hat der Mitarbeiter erzielt?", „Was hat im letzten Jahr noch nicht gut funktioniert?"

STANDORTBESTIMMUNG DES MITARBEITERS

Die Feedbackkriterien sollten nicht so allgemein sein, dass sie für alle Positionen im Unternehmen und damit im Grunde genommen für niemanden richtig gelten. Andererseits sollten die Kriterien nicht so spezifisch sein, dass jede Position an anderen Kriterien gemessen wird. Eine sinnvolle Lösung besteht darin „Jobfamilien" zu definieren, an die zum großen Teil vergleichbare Anforderungen gestellt werden, z. B. Vertrieb, Forschung & Entwicklung, Produktion etc. Wenn nun noch Anforderungen an Führungskräfte im Unternehmen erarbeitet werden, erhalten Mitarbeiter ein Feedback gemäß der Kriterien ihrer Job-Familie. Haben sie Mitarbeiterverantwortung, kommen entsprechende Führungs-Kriterien hinzu. Eventuell wird dafür auf eher operative Anforderungen an die Job-Familie im Feedback verzichtet.

Das Feedback sollte sowohl quantitativ als auch qualitativ formuliert werden. Die quantitative Bewertung fördert die Konkretheit und Eindeutigkeit, die qualitative gibt Aufschlüsse für die Personalentwicklungsmaßnahmen.

Im europäischen Raum sollte die quantitative Bewertungsskala nicht in Form von Zahlen vorgenommen werden, um Assoziationen mit Schulnoten zu vermeiden. Eine Alternative stellen Buchstaben dar.

Sie sollte eine gerade Anzahl von Bewertungsstufen haben, sonst besteht leicht die Tendenz zur neutralen Mitte. Mit vier- und sechsstufigen Skalen sind gute Erfahrungen gemacht worden.

Die Formulierung der Bewertungsskala muss eindeutig sein. Sie sollte sich an den Anforderungen der Position orientieren (z. B.: B = „erfüllt die Anforderungen"), nicht an Vergleichsurteilen (z. B.: A = „deutlich überdurchschnittliche Leistung").

Für das qualitative Feedback muss ausreichend Platz zum Ausfüllen gelassen werden, sonst werden nicht ausreichend Anmerkungen gemacht.

MÖGLICHE ENTWICKLUNGSZIELE DES MITARBEITERS

Dieser Bereich kann ebenfalls offen gehalten werden. Wichtig ist der Hinweis an die Führungskräfte, dass hier keine verbindlichen Versprechen gemacht, sondern zunächst die Vorstellungen von Mitarbeiter und Führungskraft erfasst werden sollten.

GEPLANTE PERSONALENTWICKLUNGSMABNAHMEN

Hier sollte wiederum klar vorstrukturiert und der Zeitrahmen für die Durchführung verbindlich im Bogen festgehalten werden.

Eine Vorstrukturierung über die Art der Personalentwicklungsmaßnahmen kann hilfreich sein, wenn es darum geht, nicht immer nur Seminare als Maßnahmen zu planen. Wir haben gute Erfahrungen mit der Einteilung in „Literatur und Self-Training", „Seminare und Trainings", „Kongresse und Expertenkreise" und „Maßnahmen on-the-job" gemacht (vgl. Kapitel: „Toolbox für die erfolgreiche Personalentwicklung").

FEEDBACK AN DEN VORGESETZTEN

Am Ende des Gespräches sollte der Mitarbeiter die Möglichkeit haben, seinem Vorgesetzten Feedback zu geben. Auch hier sollte im Gesprächsbogen Platz für Maßnahmenvereinbarungen vorgesehen sein. Auf ein quantitatives Feedback sollte beim Personalentwicklungsgespräch verzichtet werden.

Es hat sich als sehr hilfreich erwiesen, zu den vereinbarten Personalentwicklungsmaßnahmen jeweils unterstützende Maßnahmen der Führungskraft zu notieren. Hierdurch wird die erfolgreiche Umsetzung der geplanten Schritte zusätzlich gefördert.

In der folgenden Checkliste sind alle Richtlinien zur Erstellung des Gesprächsleitfadens in Stichpunkten zusammengefasst:

Richtlinien für den Leitfaden Personalentwicklungsgespräch

Struktur des Bogens
Kurz und verständlich
Gespräch gut vorstrukturieren

Jahresrückblick
Offene Gestaltung
Hilfreich sind einleitende Fragen

Standortbestimmung des Mitarbeiters
Feedbackkriterien gemäß der Job-Familien
Feedback sollte quantitativ und qualitativ sein
Keine Zahlen in der quantitativen Bewertungsskala
Gerade Anzahl von Bewertungsstufen
Eindeutige Formulierung der Bewertungsskala
Viel Platz für das qualitative Feedback

Mögliche Entwicklungsziele des Mitarbeiters
Offene Gestaltung

Geplante Personalentwicklungsmaßnahmen
Klare Vorstrukturierung
Verbindlicher Zeitrahmen für die Durchführung

Feedback an den Vorgesetzten
Feedback an den Vorgesetzten

■ Stolperstein 3: Mitarbeiter einbeziehen

Zur kooperativen Gestaltung des Personalentwicklungsgespräches, aber auch um die Vorstellungen des Mitarbeiters zu integrieren, sollte unbedingt parallel zu dem Gesprächsleitfaden für die Führungskraft ein

Bogen erstellt werden, mit dessen Hilfe der Mitarbeiter sich auf das Gespräch vorbereiten und in dem er seine Selbsteinschätzung sowie seine eigenen Entwicklungswünsche eintragen kann. Gibt man dem Mitarbeiter diese Möglichkeit nicht, ist das Gespräch sehr einseitig und wird von ihm in den wenigsten Fällen positiv bewertet werden – ein weiterer Stolperstein also. Bis zu dieser Stelle sind sich die Praktiker einig. Diskutiert wird hingegen folgende Frage: „Ist das nun ein völlig gleichberechtigtes Gespräch?" Die Antwort lautet „Nein", dies muss aber erläutert werden.

Das Gespräch soll unbedingt kooperativ geführt werden, indem ein Austausch stattfindet und der Mitarbeiter Raum bekommt, seine Ansichten und Wünsche einzubringen. Die Rollenverteilung ist jedoch verschieden. Dies wird vor allem bei der Einschätzung der Stärken und Verbesserungsfelder deutlich. Angenommen, die Führungskraft kommt in ihrer quantitativen Einschätzung des Anforderungskriteriums „kann Kunden langfristig binden" zu einem D (auf einer Skala, deren positivster Wert A ist) und der Mitarbeiter zu einem B. Auf welchen Wert einigen sie sich nun? Sollte das nach Verfahren „Orientalischer Markt" verhandelt werden, so dass man sich bei einem C trifft? Hier lautet die Antwort „Jein". Erinnern Sie sich an die Zielsetzungen: In diesem Gespräch soll die Führungskraft dem Mitarbeiter Feedback geben, d. h. die resultierende Einschätzung – z. B. auf einem separaten Resultatbogen dokumentiert – soll der ehrlichen Einschätzung der Führungskraft entsprechen. Verfügt der Mitarbeiter über Beispiele und überzeugende Argumente, die die Führungskraft in ihrer Einschätzung nicht berücksichtigt hat, aber nachvollziehen kann, so sollte sie auf jeden Fall ihre Einschätzung ändern.

■ Stolperstein 4: Kommunikation des Verfahrens

Es ist ein offenes Geheimnis, und dennoch führen gerade hier die Stolpersteine immer wieder zum Scheitern der Maßnahme: Die Akzeptanz des Personalentwicklungsgespräches hängt zu einem sehr großen Teil davon ab, inwieweit Führungskräfte und Mitarbeiter schon im Vorfeld eingebunden werden. Folgende Kommunikationsmaßnahmen haben sich erfahrungsgemäß bewährt:

- Einbindung von Vertretern der Führungskräfte, Mitarbeitern und des Betriebsrates in die Entwicklung des Verfahrens, vor allem bei der Definition der Beurteilungskriterien
- Kommunikation an alle Führungskräfte
  - Newsletter mit Gesprächsleitfaden zu Beginn der Einführung des Verfahrens
  - Vorstellung in den Abteilungs-, Bereichs- und Betriebsratssitzungen
  - Eintägige Schulung zur Durchführung des Personalentwicklungsgespräches
- Kommunikation an alle Mitarbeiter und Führungskräfte
  - Artikel in der Hauszeitung, wenn die Entscheidung getroffen ist, dass ein Personalentwicklungsgespräch eingeführt werden soll
  - Weitere Artikel zum Fortschritt und zum Beginn der Einführung des Verfahrens
  - Versendung des Gesprächsleitfadens inklusive Erläuterung zum Vorgehen an alle Mitarbeiter
  - Hotline in der Personalabteilung für Fragen zum Personalentwicklungsgespräch
  - Artikel zur Resonanz aus den Schulungen mit Antworten zu häufig gestellten Fragen an die Hotline

■ Stolperstein 5: Vorbereitung auf Detailfragen und Sonderfälle

Bei der Einführung von Personalentwicklungsgesprächen gilt es, viele Details zu klären und Regelungen für Sonderfälle zu treffen. In der folgenden Übersicht sind die wichtigsten Fragen aufgeführt, die man bei der Konzeption des Verfahrens frühzeitig klären sollte, um nicht eines Tages in einem Entscheidermeeting über sie zu stolpern und böse auf die Nase zu fallen.

EINFÜHRUNG VON PERSONALENTWICKLUNGSGESPRÄCHEN

Allgemeine Fragen

- Welche Hierarchieebenen sind involviert?
- Wann wird wer wie informiert/vorbereitet?
- Wann wird wer wie geschult?

Fragen zur Vertraulichkeit

- Welche Vorschriften bestehen bzgl. des Umgangs mit den Gesprächsergebnissen?
- Wie lange, in welcher Form und von wem werden die Daten/Bögen gespeichert/archiviert?

Fragen zum Beurteilungs-Prozedere

- Wer wird beurteilt?
  Gibt es eine zeitliche Mindestgrenze für das Ausüben der Position?
- Wer beurteilt wen?
  Wie wird mit Mitarbeitern verfahren, die die Abteilung gewechselt haben?
  Wie wird mit Mitarbeitern verfahren, die über x Monate in verschiedenen Abteilungen tätig sind?
- Welche Bausteine des Gespräches sind verpflichtend, welche freiwillig?
- Welche Ausnahmefälle werden wie behandelt?

Fragen zum Feedbackprozess

- Welche Informationen erhalten die nächsten Vorgesetzen über die Ergebnisse der Beurteilung, in welcher Form und in welchem Detaillierungsgrad?
- Welche Informationen erhält die Personalabteilung über die Ergebnisse der Beurteilung, in welcher Form und in welchem Detaillierungsgrad?
- Welche Konsequenzen haben die Ergebnisse für die Weiterentwicklung der beurteilten Personen im Unternehmen?
- Wie und von wem wird kontrolliert, ob die aufgrund des Feedbacks vereinbarten Personalentwicklungsmaßnahmen durchgeführt werden?
- Wie wird kontrolliert, ob die Gespräche geführt werden, und welche Qualität die Beurteilungen haben?

■ Stolperstein 6: Vorbilder schaffen

„Die da oben machen es doch auch nicht!" ist ein Argument, das zwar nicht hundertprozentig logisch, jedoch verständlich ist und die Einführung eines Personalentwicklungsgespräches massiv erschweren kann. Wie bei allen anderen Feedbackinstrumenten schauen Mitarbeiter und Führungskräfte zunächst „nach oben" und fragen zu Recht, ob die Führungskräfte der oberen Hierarchiestufen ebenfalls verpflichtet sind, die Gespräche zu führen. Auch eine Führungskraft hat ein Anrecht auf Rückmeldung und Personalentwicklung. Leider ist immer wieder zu beobachten, dass sich gerade das Top-Management aus dem Prozedere des Personalentwicklungsgespräches ausschließt. Dadurch überträgt sich häufig die Unzufriedenheit mit dem Vorbild-Charakter des Managements auf das Instrument Personalentwicklungsgespräch. Idealerweise werden die ersten Gespräche daher top-down geführt, d. h., die oberen Hierarchieebenen gehen mit gutem Beispiel voran und die weiteren Ebenen folgen nach und nach. Dies hat den Vorteil, dass die Führungskräfte selbst die Situation des Mitarbeiters im Gespräch erlebt haben und diese Erfahrungen konstruktiv in der Gesprächsführung mit ihren eigenen Mitarbeitern nutzen können.

Übrigens: Den beeindruckendsten Tod eines Personalentwicklungsgespräches haben wir in einem Unternehmen erlebt, in dem die Personalabteilung selbst die schlechteste Rücklaufquote an Gesprächsbögen hatte ...

■ Stolperstein 7: Kontrolle der Durchführung

Betrachten Sie noch einmal die nüchterne Unternehmensrealität. Selbst wenn alle bisher aufgeführten Stolpersteine bedacht und sicher umgangen worden sind, ist der Erfolg des Personalentwicklungsgespräches noch nicht garantiert. Es wird dennoch Führungskräfte geben, die einfach wenig Zeit haben, die das Instrument nicht als hilfreich erachten und lieber eigene Wege gehen oder sich nicht für Themen wie Personalentwicklung verantwortlich fühlen. Soll das Instrument jedoch zur flächendeckenden systematischen Personalentwicklung genutzt werden, ist es unerlässlich, es kontinuierlich durchzuführen, indem z. B. überprüft wird, welche Gesprächsbögen bereits in der Personalabteilung eingegangen sind und welche nicht.

Wir können im Zusammenhang mit der Einführung von Personalentwicklungsgesprächen nur eine Garantie geben, und die besteht darin, dass das Instrument innerhalb weniger Jahre „wegstirbt", wenn es nicht kontinuierlich durchgeführt und eingefordert wird. Wichtig ist auch hier, dass der Personalbereich entsprechende Rückendeckung von der Geschäftsleitung erhält, um die Wichtigkeit des Instrumentes betonen zu können.

Darüber hinaus sollte die Durchführungsqualität zumindest stichpunktartig überprüft werden. So kommt es immer wieder vor, dass Gespräche unvollständig geführt werden oder die Bewertungen undifferenziert erscheinen: „Haben wirklich alle Mitarbeiter dieses Teams bei nahezu allen Beurteilungskriterien ein B?" Hier gilt es, die Führungskräfte entsprechend sensibel auf die Beobachtungen hinzuweisen, eventuelle Unklarheiten zu beseitigen und Hilfestellungen anzubieten.

Identifikation von Potenzialträgern

Jürgen ist zuversichtlich, auf diese Art und Weise die Führungskräfte gut in die geplante Personalentwicklung ihrer Mitarbeiter einbinden zu können, so dass jeder Mitarbeiter in Zukunft regelmäßig Feedback erhalten und laufend weiterentwickelt wird. Vor allem für die Mitarbeiter, die schon länger in einer Position arbeiten und dort auch in Zukunft tätig sein wollen, wird dies einen entscheidenden Fortschritt darstellen, denn sie sind in Sachen Personalentwicklung immer ein wenig zu kurz gekommen. Dabei gilt es, vorhandene Stärken auszubauen, an Entwicklungsfeldern zu arbeiten und sich auf die ständig verändernden Anforderungen der Tätigkeit rechtzeitig vorzubereiten. Jürgen fällt seine Sekretärin ein, die bereits seit 15 Jahren als Sekretärin beschäftigt ist, in den letzten acht Jahren jedoch an keiner Qualifizierungsmaßnahme mehr teilgenommen hat. Dass das Unternehmen immer häufiger ausländische Kunden betreuen wird, hat sich bereits vor Jahren abgezeichnet, vor zwei Monaten hat sie nun auf sein Anraten einen Englisch-Kurs begonnen –

aus Jürgens Sicht viel zu spät, denn das Anforderungsprofil hatte sich schon vor Jahren verändert!

Kopfschmerzen bereiten ihm noch die sogenannten Potenzialträger, die Mitarbeiter im Unternehmen, die sich weiterentwickeln möchten und die vor allem über besondere Kompetenzen verfügen, so dass sie geeignet wären, in Zukunft verantwortungsvollere Positionen im Unternehmen wahrzunehmen. „Diese Mitarbeiter müsste man klar identifizieren können," denkt Jürgen, „vor allem sollen diese Mitarbeiter nicht wie ich damals ins kalte Wasser gestoßen werden, in dem auch schon andere Kollegen untergegangen sind. Ich habe es halt mit viel Arbeit und sicherlich einer großen Portion Glück geschafft. Wir müssen Potenzialträger frühzeitig identifizieren, damit wir sie besonders qualifizieren und auf zukünftige Aufgaben vorbereiten können!"

Ob das Personalentwicklungsgespräch die qualitativ hochwertigen Informationen wirklich liefert, die zur eindeutigen Identifikation von Potenzialträgern notwendig sind, daran zweifelt Jürgen noch. Er denkt hierbei an seinen Kollegen aus dem Controlling, der offensichtlich nach eigener Einschätzung nur „High Potentials" in seiner Abteilung hat, während der Kollege aus dem Vertrieb anscheinend nur über Mitarbeiter verfügt, die „nicht einmal mit ihrer jetzigen Aufgabe zurechtkommen". Jürgen mag daran nicht so recht glauben...

▪ Identifizieren von Potenzialträgern mit Hilfe von Förderrunden

Das Personalentwicklungsgespräch bietet für die Personalabteilung eine gute erste Informationsgrundlage zur Identifikation von Potenzialträgern. Dennoch – darauf haben wir bereits hingewiesen – handelt es sich nicht um die objektive Einschätzung von Kompetenzen, somit auch nicht von Potenzialen. Durch Schulungen und einheitliche Bewertungskriterien wird zwar eine Objektivierung erreicht, dennoch sind die Bewertungsmaßstäbe der einzelnen Führungskräfte nicht hundertprozentig vergleichbar. Der Traum vieler Personaler besteht seit dem Einzug der EDV in die Personalarbeit in einer Datenbank mit Daten zu den spezifischen Stärken und Schwächen aller Mitarbeiter – gewonnen aus den Personalentwicklungsgesprächen – aus denen man ganz einfach diejenigen mit den höchsten Werten auswählen kann. Mit einem Knopfdruck erhält man die TOP 10 der Nachwuchsführungs-kräfte, Nachwuchs-Key-Account-Manager und so weiter.

Ganz so einfach ist es leider nicht. Daher müssen weitere Wege der Objektivierung gegangen werden. Ein klassischer und sehr effektiver Weg ist die regelmäßige Durchführung von Potenzial- oder Förder-runden. An diesen Gesprächsrunden, die häufig im ein- bis zwei-jährigen Turnus durchgeführt werden, nehmen die Führungskräfte eines Unternehmensbereiches (Abteilung, Bereich, Unit etc.) teil sowie der für diesen Unternehmensbereich zuständige Personal-Mitarbeiter. Unter dessen Moderation stellen die Führungskräfte ihre jeweiligen Potenzialträger vor und begründen ihre Einschätzung, wobei durchaus die Bewertungen aus dem Personalentwicklungsgespräch genutzt werden sollten. In der Gruppe wird nun diskutiert, ob es sich bei den vorgestellten Personen tatsächlich um Potenzialträger handelt, und in welche Richtung sich die einzelnen Mitarbeiter in Zukunft entwickeln könnten (vgl. Kapitel: „Bieten Sie den Mitarbeitern Perspektiven").

Wir haben mit dieser Vorgehensweise folgende positive Erfahrungen gemacht:

- Durch den Austausch findet eine weitere **Objektivierung** von Potenzialeinschätzungen statt.
- Das allseits bekannte „**Wegloben**" von Mitarbeitern, mit deren Leistung die Führungskraft eigentlich nicht zufrieden ist, wird deutlich erschwert.
- Mit der Zeit wird der Diskussionsbedarf immer geringer, denn es entsteht ein **gemeinschaftlich getragenes Verständnis** dafür, was ein Potenzialträger im Unternehmen eigentlich ist.
- Der Moderator aus der Personalabteilung erhält wichtige mündliche **Zusatzinformationen über Mitarbeiter**, die deutlich über die Informationen aus dem Personalentwicklungsgespräch hinaus gehen. Er erhält einen guten Überblick über seinen Betreuungsbereich.
- Der Personal-Mitarbeiter hat die Gelegenheit, **Ziele und Wege der Personalentwicklung** eingehend anhand konkreter Beispiele darzustellen und zu diskutieren. Hierzu gehört auch die Definition von „Potenzialträgern".

- Eine aktive Moderation durch den Personal-Experten kann **alternative Entwicklungsrichtungen** aufgezeigen, über die den Führungskräften keine Informationen vorliegen.

Allerdings hängt der Erfolg der Förderrunden von der konkreten Ausgestaltung ab. Folgende Hinweise sollten Sie unbedingt beherzigen:

- Definieren Sie in Zusammenarbeit mit den Führungskräften und dem Betriebsrat(!) im Vorfeld verbindlich, was einen Potenzialträger ausmacht, d. h. anhand welcher Kriterien Sie festmachen wollen, dass ein Mitarbeiter gefördert werden soll. Nehmen Sie hierbei auch Bezug auf die Einschätzung im Personalentwicklungsgespräch.
- Gestalten Sie die Gesprächsrunden hinsichtlich ihrer Teilnehmerzusammensetzung möglichst so, dass die teilnehmenden Führungskräfte Einblick in die Teams ihrer Kollegen haben. Idealer Weise sollten sie die Mitarbeiter, über die gesprochen wird, kennen.
- Stellen Sie den Führungskräften pragmatische Unterlagen zur Vorbereitung auf die Förderrunde zur Verfügung, mit Hilfe derer sie Ihre Potenzialeinschätzung reflektieren und die vorgeschlagenen Mitarbeiter bezüglich der definierten Kriterien einschätzen können.
- Bereiten Sie die Moderation sorgfältig vor, und wählen Sie einen Moderator der Personalabteilung aus, der einen effizienten und strukturierten Ablauf gewährleisten kann und von den anwesenden Führungskräften respektiert wird.
- Bestehen Sie auf der Moderation der Meetings durch einen Personal-Mitarbeiter, auch wenn es wie immer Terminprobleme gibt.

■ Identifizieren von Potenzialträgern mit Hilfe von Assessment-Centern

Jürgen denkt an den Führungsnachwuchs-Kreis, den sein Vorgänger ins Leben gerufen hat und den er weiterführen möchte. Mit Hilfe von Förderrunden würde er mit größerer Sicherheit die geeigneten Potenzialträger identifizieren können. Ganz zufrieden ist er noch nicht. Jürgen denkt an ein Gespräch mit dem Betriebsrat, das er erst letzte Woche geführt hat. Desillusioniert beklagte dieser: „Ob du in diesem Unternehmen gefördert wirst oder nicht, das ist immer noch abhängig vom guten Willen deines Vorgesetzten, und wenn der nicht vorhanden ist, dann hast du eben Pech gehabt!" Jürgen konnte ihm da nur bedingt beipflichten. Er kennt seine Kollegen in den Führungspositionen und weiß, dass diese letztendlich karrieremotivierten Mitarbeitern keinen Stein in den Weg legen. Er kann allerdings den Wunsch des Betriebsrates nachvollziehen, dass die Möglichkeit bestehen sollte, durch aktive Bewerbung des Mitarbeiters um die Aufnahme in den Führungsnachwuchskreis an diesem teilnehmen zu können. Wer sollte jedoch über die Teilnahme entscheiden? Doch wieder die Führungskraft, die ihn aber zunächst nicht vorgeschlagen hatte? Die Personalabteilung? Letzteres würde sicherlich nicht auf große Akzeptanz im Unternehmen stoßen.

Es müsste noch eine weitere Methode geben, die Potenziale von Mitarbeitern möglichst noch besser zu erfassen, die die Führungskräfte einbindet und z. B. eine Eigenbewerbung von Mitarbeitern zulässt! Der Begriff „Assessment-Center" ist ihm nicht unbekannt, jedoch hat er schon vieles gehört, was ihn bisher sehr skeptisch gestimmt hat ...

Das Assessment-Center (AC) ist ganz allgemein ein Verfahren, in dem die Teilnehmer in unterschiedlichen Übungen von verschiedenen Beobachtern bezüglich definierter Kriterien beobachtet und eingeschätzt werden. Es existiert in unzähligen Formen, und dementsprechend werden unterschiedlichste Erfolgs- und Misserfolgsgeschichten über dieses Verfahren, sofern man überhaupt vom *dem* Verfahren sprechen kann, berichtet. In vielen Fällen wird es zur Auswahl externer Bewerber verwendet. Hier nutzt man die Gelegenheit, durch die verschiedenen Übungsarten deutlich mehr Informationen über einen Bewerber zu erhalten, als dies in einem Bewerbungsinterview der Fall ist. Darüber hinaus wird es verstärkt zur Auswahl interner Bewerber, wie z. B. in dem geschilderten Beispiel für die Teilnahme an einem Führungsnachwuchsprogramm, genutzt.

Die Auswahl von Mitarbeitern ist nicht immer das Ziel eines Assessment-Centers. So gibt es reine Entwicklungs-AC, bei denen das Ziel darin besteht, detaillierte Informationen über die spezifischen Stärken und Verbesserungsfelder verschiedener Mitarbeiter zu gewinnen, um eine individuell zugeschnittene Personalentwicklungsplanung anzuschließen.

Das AC wird sowohl als externes oder internes Auswahl- wie auch Potenzialerhebungsinstrument tatsächlich keinesfalls nur positiv gesehen. Wir haben jedoch die Erfahrung gemacht, dass die Vorteile des AC's in der Potenzialeinschätzung von Mitarbeitern die vermeintlichen Probleme des Instrumentes deutlich aufwiegen:

1. ARGUMENT: WIR KENNEN DOCH UNSERE MITARBEITER!

Das ist richtig. Im Gegensatz zu externen Bewerbern verfügt man bei den eigenen Mitarbeitern bereits über viele Informationen zu deren bisheriger Arbeitsweise, die die Führungskräfte ja unter anderem in ihren Einschätzungen innerhalb der Personalentwicklungsgespräche abgeben. Das AC bietet die Möglichkeit, der beschriebenen Problematik der Subjektivität einzelner Führungskräfte besonders effektiv zu begegnen. Hier werden die Potenziale der Mitarbeiter von mehreren geschulten Beobachtern (Personal-Experten und Führungskräfte) in verschiedensten Übungen anhand gleicher verhaltensnaher Kriterien unabhängig voneinander eingeschätzt. Sie werden also von verschiedenen Personen konzentriert im Hinblick auf ihre Stärken und Verbesserungsfelder beobachtet, nicht nur von einer Führungskraft. Darüber hinaus ist es möglich, auch selbst-angemeldete Mitarbeiter teilnehmen zu lassen, so dass man sich dem Vorwurf des Karrierefilters „Chef" nicht aussetzen muss.

Das wichtigste Argument für das AC gründet jedoch auf dem Unterschied zwischen „bisheriger Leistung" und „Potenzial für weiterführende Tätigkeiten". Viele ihrer vorhandenen Kompetenzen können Mitarbeiter in ihrer derzeitigen Tätigkeit schlicht noch nicht zeigen. So können sehr gute Vertriebs-Mitarbeiter gute aber auch schlechte Führungskräfte werden. Woran könnte man die Aussage über ihr Potenzial festmachen, wenn sie bisher noch keine Führungsaufgaben übernommen haben? Ganz so extrem ist die Problematik zum Glück nicht. Ein Mitarbeiter, der bisher eine hohe Sozialkompetenz gegenüber Kunden gezeigt hat, wird sich vermutlich im Umgang mit Mitarbeitern leichter tun als einer, der schon mit einfachen Kunden

Probleme hatte. Allerdings sind die Anforderungen genau genommen nicht völlig identisch, so dass eine hohe Unsicherheit bleibt. Es macht eben doch einen Unterschied, ob jemand ein geschicktes Kundengespräch führen oder Mitarbeiter motivieren kann. Im AC werden genau die Kompetenzen eingeschätzt, die für den Erfolg in zukünftigen Aufgaben der Potenzialträger relevant sein werden, nicht die bisherige Leistung.

2. ARGUMENT: DAS IST VIEL ZU AUFWÄNDIG UND TEUER

Zur Beurteilung sind zwei Kostenarten gegenüberzustellen: Einerseits die Aufwendungen, die für die Aktivitäten der Potenzialeinschätzung anfallen, und andererseits die Kosten für Fehleinschätzungen. Als Kosten für Fehlentscheidungen kann man z. B. Fehlinvestitionen in Fördermaßnahmen, die entweder nicht dem individuellen Qualifizierungsbedarf des einzelnen Mitarbeiters entsprechen oder nicht den richtigen Potenzialträgern zugute kommen, oder interne Fehlbesetzungen sehen, die in der Summe ungleich kostenintensiver sind als die Durchführung eines AC's.

Voraussetzung für diese Gegenüberstellung ist die Tatsache, dass die Entscheidungssicherheit durch ein Assessment-Center wirklich deutlich erhöht wird. Hierfür sprechen zum einen die im letzten Abschnitt erwähnten Aspekte der Objektivierung und zukunftsbezogenen Potenzialeinschätzung. Darüber hinaus liefert das AC wichtige Zusatzinformationen. Neben der Einschätzung durch mehrere Beobachter bietet es die Möglichkeit zum unmittelbaren Vergleich zwischen mehreren Teilnehmern. Im Arbeitsalltag stehen Mitarbeiter unterschiedlichen Anforderungen gegenüber, vor deren Hintergrund sie eingeschätzt werden, im AC sind es identische Anforderungen.

Neben den reinen Kostenüberlegungen – welche Kosten entstehen?, Welche können vermieden werden? – darf der Nutzenaspekt nicht aus den Augen verloren werden. Das Assessment-Center liefert nicht nur eine hochwertige Potenzialeinschätzung, sondern auch wertvollen Zusatznutzen. Die Personalabteilung erhält sehr differenzierte Informationen über den spezifischen Entwicklungsbedarf einzelner Mitarbeiter, so dass die identifizierten Potenzialträger individuell gefördert werden können.

Ein weiterer Nutzenaspekt, der zunächst als Nebeneffekt erscheint, aber keinesfalls unbedeutend ist, liegt in der Schulung der Führungskräfte. Bevor sie als Beobachter im AC tätig werden, sollten sie unbedingt an einer Beobachterschulung teilnehmen, in der sie nicht nur die AC-Übungen, sondern vor allem das Prozedere der differenzierten Beobachtung und Bewertung kennen und anwenden lernen. Auf diese Art und Weise erlernen die beteiligten Führungskräfte nicht nur, sensibler zu beobachten. Sie werden immer wieder mit den Anforderungskriterien konfrontiert. Führungskräfte beobachten z. B. im Entwicklungs-AC für Führungsnachwuchskräfte Kriterien für „gute Führungsfähigkeiten". Dies führt beinahe zwangsläufig bei den meisten Führungskräften zu einer Reflexion des eigenen Führungsverhaltens. Nicht selten haben wir von Beobachtern im AC gehört: „Das war wirklich gut. Ich weiß nicht, ob ich es so geschafft hätte." Letztendlich ist das AC somit auch ein Medium zur mittelfristigen Gestaltung der Führungs- und Unternehmenskultur.

3. ARGUMENT: DIE BESTEN SCHAUSPIELER GEWINNEN

Die meisten ehemaligen AC-Teilnehmer würden dies verneinen. Es ist sehr schwer, über einen oder mehrere Tage etwas darzustellen, was man eigentlich nicht ist. Allerdings wird jede Verhaltensweise, die ein Teilnehmer in einem AC zeigt, auch zu seinem prinzipiellen Verhaltensrepertoire gehören. Es ist praktisch unmöglich, ein schlechter Redner zu sein, aber überzeugend einen guten Redner vorzutäuschen. Ein in der Gesprächsführung ungeschickter Verkäufer zu sein, aber ein gutes Verkaufsgespräch vortäuschen, funktioniert ebenso wenig. Es ist sicherlich möglich, dass sich jemand bewusst aktiver an einer Gruppendiskussion beteiligt, da er weiß, dass er häufig etwas zurückhaltend ist und sich positiv darstellen möchte. Er wird sicherlich nicht die Leitung der Gruppe übernehmen, aber die Beobachter können sehen, dass er, wenn er will, durchaus einige Ideen vorantreiben kann – eine wichtige Information!

Darüber hinaus gibt es Kompetenzen und Übungen, bei denen Schauspielerei völlig unmöglich ist. Hierzu gehören vor allem analytische Übungen (Fallstudien, Postkorbübungen etc.). Jemand, der sich mit der raschen Analyse komplexer Daten schwer tut, kann bei der Bearbeitung der Übung nicht „vortäuschen", die Zahlen schnell und richtig analysiert zu haben.

4. ARGUMENT: NUR DRUCK UND STRESS

Die Geschichten von Assessment-Centern, in denen es vor allem darum geht, die Teilnehmer unter Druck zu setzen, um festzustellen, wie sie unter Stress reagieren, tradieren sich leider fort und sind wohl leider nicht alle erfunden. Letztendlich ist aber auch dies eine Frage der verantwortungsvollen und teilnehmerorientierten Gestaltung des Assessment-Centers. Zweifellos sind ACs für alle Beteiligten, vor allem für die Beobachter, anstrengende Tage. Allerdings darf es keinesfalls Ziel eines AC's sein, Teilnehmer unter Druck zu setzen. Gute Assessment-Center zeichnen sich durch das Gegenteil aus: Durch eine kooperative Atmosphäre, ein faires und transparentes Vorgehen und ein differenziertes und unterstützendes Feedback zum Abschluss ist für jeden Teilnehmer ein Nutzen gewährleistet, unabhängig von der Positionierungs- oder Förderentscheidung.

Neben ethischen Überlegungen gibt es weitere Gründe für eine teilnehmerorientierte Gestaltung von Assessment-Centern: Bewusst hergestellter Druck, z. B. durch zu kurze Vorbereitungszeiten, unangemessenes Verhalten von Rollenspielern etc., führt keineswegs dazu, dass die Beobachtungen differenzierter werden − eher ist das Gegenteil der Fall. Die Beobachtungen werden eindimensionaler und reduzieren sich auf den Aspekt „Umgang mit Stress". Um dieses Kriterium beobachten zu können, muss man kein ausgefeiltes umfangreiches AC durchführen. Darüber hinaus ist es fraglich, ob „Prüfungsstress" mit dem normalen Alltagsstress überhaupt zu vergleichen ist.

Ein AC bleibt immer eine Art „Prüfungssituation". Selbst wenn keine Auswahlentscheidung daran geknüpft wird, möchte man vor den anwesenden Beobachtern ungern schlecht dastehen. Daher ist von vornherein immer etwas Nervosität im Spiel. Zu Beginn des AC's sollte daher das Möglichste getan werden, um diese abzubauen und anschließend möglichst realitätsnahes Verhalten beobachten zu können.

5. ARGUMENT: NUR ETWAS FÜR GROSSUNTERNEHMEN

Für große Unternehmen ist die Logistik eines aufwändig gestalteten Assessment-Centers sicher einfacher zu bewältigen als für ein kleineres Unternehmen. Allerdings ist der Nutzen für kleinere Unternehmen besonders hoch, da hier personelle Fehlentscheidungen, wie sie oben beschrieben worden sind, noch schwieriger zu verkraften sind.

Daher gilt hier: Small is beautiful. Ein eintägiges Assessment-Center liefert fundiertere Informationen als eine bloße Einschätzung aus dem Personalentwicklungsgespräch oder den meisten Förderrunden. Bereits mit drei Teilnehmern macht es Sinn, ein AC durchzuführen. Es sind dementsprechend nur zwei Beobachter nötig. Werden die AC in regelmäßigem Turnus durchgeführt, lohnt sich auch bei einer kleineren Teilnehmerzahl die spezielle Entwicklung von Übungen für die Potenzialeinschätzung. Für den seltenen Einsatz sind Standardübungen auf dem Markt erhältlich, die deutlich günstiger sind.

6. ARGUMENT: SCHON PROBIERT UND NICHT GEKLAPPT

Es gibt einige Unternehmen, in denen schlechte Erfahrungen mit Assessment-Centern gesammelt wurden und für die darum schon der Begriff sehr negativ besetzt ist. Es gibt allerdings viele Unternehmen, die gute Erfahrungen gemacht haben, was darauf hinweist, dass das Problem nicht in der Methode an sich liegt, sondern, wie bei den bisher vorgestellten Instrumenten und Methoden, vor allem eine Frage der konkreten Ausgestaltung ist.

Über die Gestaltung von Assessment-Centern sind bereits viele Bücher geschrieben worden, und eine differenzierte Anleitung zur Entwicklung von Potenzialeinschätzungs-AC's würde sicherlich den Rahmen sprengen. Jedoch gibt es einige Grundsätze, die zum Teil schon in den letzten Absätzen angeklungen sind, die Sie unbedingt bei der Planung eines AC's, aber auch bei der Auswahl eines externen Dienstleisters zur Unterstützung in der AC-Durchführung beachten sollten:

> **Erste Regel:**
> **Stellen Sie eine hohe Aussagekraft sicher!**

- Erstellung eines spezifischen Anforderungsprofils für Potenzialträger (vgl. Kapitel: „Anforderungen und Lernziele bestimmen")
- Nutzung von verhaltensnahen und eindeutigen Beobachtungsinstrumenten sowie aussagekräftigen Übungen
- Mindestens eintägige Schulung aller Beobachter
- Moderation der Beobachterteams durch erfahrene Beobachter

Anmerkung: In vielen Fällen ist es sinnvoll, sich gerade bei der Konzeption, Einführung und zumindest bei der Pilotdurchführung externer Hilfe zu bedienen. Langfristig ist es dann meist möglich, ein Assessment-Center mit internen Ressourcen weiterzuführen.

> **Zweite Regel:**
> **Sichern Sie die Akzeptanz des Verfahrens!**

- Frühzeitige Einbindung von Führungskräften, Mitarbeitern und Betriebsrat
- Einsatz von Führungskräften als Beobachter
- Realitätsnahe Gestaltung der Übungsinhalte; sie müssen den zukünftigen Arbeitsalltag der Potenzialträger widerspiegeln
- Sicherstellen eines reibungslosen zeitlichen und administrativen Ablaufs. Dies kann zu Beginn sehr anspruchsvoll sein!

> **Dritte Regel:**
> **Schreiben Sie Fairness groß!**

- Sicherstellung vergleichbarer Voraussetzungen für jeden Teilnehmer zu jeder Zeit

- Rotation der Beobachter, d. h. voneinander unabhängige Potenzial-einschätzung von verschiedenen Beobachterteams zu verschiedenen Zeitpunkten
- Verwendung möglichst vieler verschiedener Übungstypen, so dass jeder Teilnehmer seine spezifischen Stärken zeigen kann
- Möglichkeit der Selbsteinschätzung/-darstellung der Teilnehmer, z. B. in einem Interview oder einem Selbsteinschätzungsfragebogen
- Verzicht auf „doppelte Böden", so z. B. Übungen, die etwas anderes messen als sie vorgeben
- Möglichst wenige Übungen, in denen die eigene Leistung zum Teil abhängig ist vom Verhalten anderer Teilnehmer (z. B. Gruppen-diskussionen)
- Zwischenfeedback nach den einzelnen Übungen

Vierte Regel:
Schaffen Sie Transparenz!

- Darstellung der groben Übungsinhalte vor oder zu Beginn des Assessment-Centers
- Erläuterung des Beurteilungssystems und der Kriterien

Fünfte Regel:
Seien Sie freundlich!

- Ausführliche Eingangsrunde zusammen mit den Beobachtern
- Beginn des Assessment-Centers mit einem persönlichen Gespräch bzw. Interview als erste „Übung"; das ist die am wenigsten ungewohnte Situation
- Vermeidung einer „klinischen Atmosphäre"; Teilnehmer dürfen sehr wohl außerhalb der Übungen Kontakt mit Beobachtern haben!
- Etablierung einer zentralen Ansprachestelle für organisatorische Fragen und Probleme

- Verzicht auf Übungen, die bewusst das zentrale Ziel verfolgen, Stress zu erzeugen

**Sechste Regel:
Bieten Sie Nutzen an!**

- Intensives Feedback am Ende der Veranstaltung für jeden Teilnehmer
- Schriftliche Ergebnisberichte für alle Teilnehmer
- Detaillierte Hinweise für die Personalentwicklungsplanung

**Siebte Regel:
Vermeiden Sie Konkurrenz!**

- Wenig Gruppenübungen im Potenzial-AC
- Verzicht auf gegenseitige Bewertung der Teilnehmer

Toolbox für die erfolgreiche Personalentwicklung

Jürgen ist sich darüber im Klaren, dass er jetzt zur Tat schreiten muss. Seine Aufgabe besteht nun darin, das zunächst eher allgemeine Schlagwort „Mitarbeiterentwicklung" konkret mit Leben zu füllen. Jürgen denkt bei sich, dass im Zweifelsfall weniger mehr ist, wenn es konsequent umgesetzt wird, und entscheidet sich nach einigen Überlegungen für sechs Aktivitäten der Mitarbeiterentwicklung, die ihm besonders effektiv und wesentlich erscheinen.

Zweifellos gibt es eine große Anzahl von Qualifizierungsmöglichkeiten. Wir haben daraus sechs Instrumente ausgewählt, die wir Ihnen detailliert vorstellen werden. Bei dieser Auswahl stand ein Gedanke im Vordergrund: Die Tools sollen effizient und in jedem Unternehmen praktizierbar sein, und gleichzeitig, wenn sie sinnvoll eingeführt werden, zum festen Bestandteil der Personalentwicklung werden können.

Die aktuell viel diskutierten neuen Ansätze, die an dieser Stelle nicht beschrieben werden, betreffen beispielsweise das so genannte CBT (Computer-Based-Training), das derzeit eine Art Revival erfährt, weil die modernen Multimedia-Angebote umfangreiche Lernmöglichkeiten bieten. Zu erwähnen ist in diesem Zusammenhang das durch Intranet gestützte Lernen. In diesen neuen Lehr- und Lernformen liegen hervorragende Chancen, allerdings erfordern sie eine sehr aufwändige Konzeption und sind sehr kostenintensiv.

Wenn wir Ihnen im Folgenden die einzelnen Tools detailliert beschreiben, stehen Umsetzbarkeit und Praxisnähe im Vordergrund. Deshalb finden Sie zahlreiche Checklisten, Aufstellungen und Übersichten. Damit Sie einen schnellen Überblick über die einzelnen Instrumente erhalten, ist jede Beschreibung folgendermaßen strukturiert:

Zunächst werden die

- **Voraussetzungen für den Einsatz** geklärt. Anschließend werden die

- **Ablaufschritte und Methoden** beschrieben. Die dann folgenden
- **Argumentationshilfen** sollen Ihnen helfen, die Maßnahmen erfolgreich zu implementieren.

Die folgende Abbildung zeigt Ihnen die sechs Instrumente im Überblick:

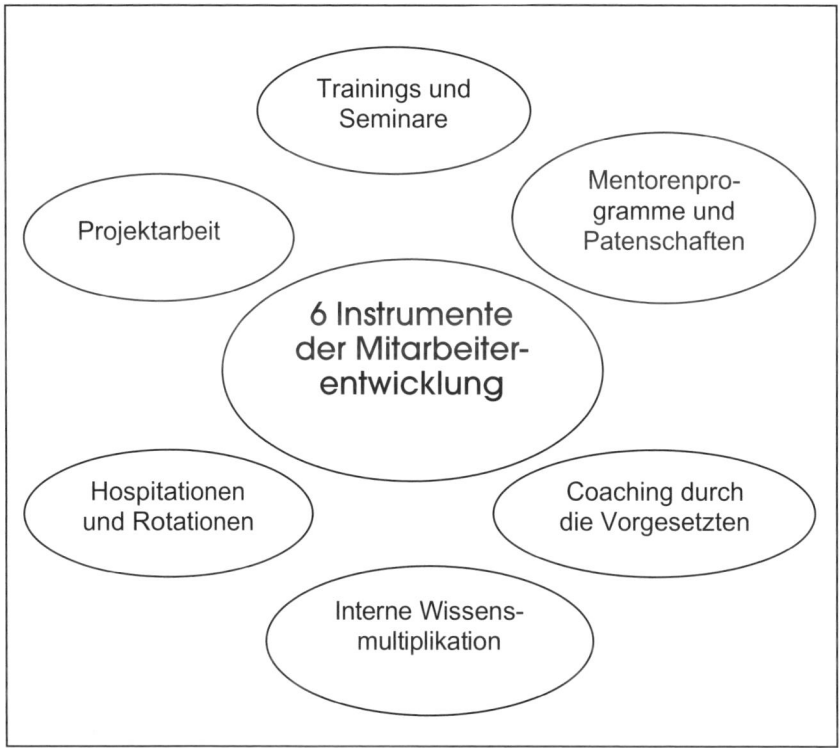

Abbildung: Sechs Instrumente der Mitarbeiterentwicklung

Trainings und Seminare

Trainings und Seminare stellen in vielen Unternehmen die wichtigsten Instrumente der Personalentwicklung dar. Zumeist werden die
einzelnen Maßnahmen in einem zentralen Trainingskatalog zusam-

mengefasst, nachdem der Personalentwickler viel Engagement in die Auswahl investiert hat. Mittlerweile gibt es auf dem Markt sehr viele Trainingsinstitute und freie Trainer, so dass die Unternehmen immer mehr die Qual der Wahl haben, wenn es darum geht, geeignete Maßnahmen auszuwählen. Fast alle Anbieter weisen darauf hin, dass die Trainings „maßgeschneidert und teilnehmer-orientiert" konzipiert und „innovativ" durchgeführt werden – auch wenn in dieser Hinsicht Schein und Sein nicht immer so ganz korrespondieren...

Unumstößlich ist jedoch die Tatsache, dass gute Seminare und Trainings aus der Qualifizierung nicht mehr wegzudenken und – entsprechend zielorientiert gestaltet – ihr Geld wert sind. Führungstrainings für den Nachwuchs, Verkaufstrainings für die Vertriebsmannschaft ebenso wie fachliche Qualifizierungen gehören in den meisten Unternehmen zu den fundamentalen Entwicklungsbemühungen.

Bei Seminaren steht die Wissensvermittlung im Vordergrund. In Trainings spielt das Üben von Verhaltenskompetenzen die zentrale Rolle. Da die beiden Begriffe vielfach synonym benutzt werden, erfolgt an dieser Stelle keine scharfe Abgrenzung.

■ Voraussetzungen für den Einsatz

Trainings sind nur dann ihr Geld wert, wenn die gelernten Inhalte tatsächlich in die Praxis überführt werden und eine Verhaltensänderung bewirken. Da es sich bei dieser Art der Mitarbeiterqualifizierung um eine Maßnahme handelt, bei der zum Teil erhebliche Investitionen in die Mitarbeiter getätigt werden, empfiehlt es sich, die Trainings durch unterstützende Rahmenbedingungen und ergänzende Maßnahmen zu flankieren. Es kann von zentraler Bedeutung sein, sich im Vorfeld die folgenden Dinge vor Augen zu führen:

VORAUSSETZUNGEN FÜR DEN EINSATZ VON TRAININGS

Trainings und Seminare sind dann sinnvoll, wenn...

- dadurch eine Grundlagenqualifizierung im Hinblick auf neue Aufgaben (z. B. Projektmanagement-Training, Führungsnachwuchskräftetraining, Sprachkurs) erfolgt.

- unmittelbar für die Praxis erforderliche, anforderungsbezogene Kompetenzen (z. B. Telefontraining für Servicekräfte) vermittelt werden sollen.

- eine regelmäßige Auffrischung von zentralen Kernkompetenzen (z. B. jährliche Verkaufstrainings für die Vertriebsmannschaft) gewährleistet werden soll.

„Finger weg!" von Trainings und Seminaren, wenn sie zum Ziel haben...

- die seit längerem bekannten Defizite eines Mitarbeiters zu kompensieren (z. B. Entsendung eines Mitarbeiters zu einem Teamtraining aufgrund nachhaltig schwieriger Integration des Mitarbeiters in seinen Bereich).

- ohne klaren Anforderungsbezug und uneindeutige Lehrziele Mitarbeiter „irgendwie" zu entwickeln (z. B. „Optimieren Sie Ihre Persönlichkeit"). Diese Art der Mitarbeiterentwicklung wird mit dem Schlagwort „Gießkannenprinzip" umschrieben.

Ein Return-On-Investment ist dann zu erzielen, wenn die in dem Training vermittelten Methoden und Inhalte genau auf die Aufgaben und Verantwortlichkeiten des Mitarbeiters abgestimmt sind. Bei Inhouse-Seminaren, die auf die Erfordernisse des Unternehmens ausgerichtet sind, kann der Anforderungsbezug direkt gewährleistet werden. Trainer, die offene Seminare anbieten und Mitarbeiter aus unterschiedlichen Unternehmen trainieren, sind immer angehalten, den „kleinsten gemeinsamen Nenner" zu finden. Der gezielten Ausrichtung des Trainings auf unternehmensspezifische Anforderungen kann hier nur wenig Platz eingeräumt werden. Jedoch sollte bei diesen Trainings ein unternehmensübergreifender Austausch zwischen den Teilnehmern stattfinden und innovative Ideen für das eigene Unternehmen mitgenommen werden.

■ Ablaufschritte und Methoden

Der Erfolg von Trainings und Seminaren hängt nicht nur von der Wahl des Trainers ab. Erst eine gute Vor- und Nachbereitung – gekoppelt an weitere flankierende Maßnahmen – gewährleisten, dass sich Ihre Investition lohnt.

Dazu die folgenden Ablaufschritte:

ABLAUFSCHRITTE

1. Definition der Trainingsziele

2. Auswahl der Anbieter

3. Effiziente Unterweisung des Trainers

4. Begleitende Maßnahmen zur Transfersicherung in die Praxis

5. Dokumentation der Erfahrungen und Trainingsinhalte als Wissensmultiplikator

DEFINITION DER TRAININGSZIELE

Wichtig ist, dass ein klares Bild darüber entsteht, was durch das Training verändert bzw. bewirkt werden soll. Wird z. B. die Position des Gruppenleiters neu besetzt und soll der neue Stelleninhaber nun erstmalig als Nachwuchsführungskraft Zielvereinbarungsgespräche führen, so könnte das Trainingsziel folgendermaßen formuliert werden: „Herr X soll vor dem Hintergrund anstehender Mitarbeitergespräche klar definierte Ziele entwickeln und eine strukturierte und motivierende Gesprächstechnik anwenden können." Durch genau festgelegte Lernziele wird die Umsetzung der neuen Verhaltenstechniken und Lerninhalte in die Praxis wesentlich erleichtert. Wenn Sie in Ihrem Unternehmen mit den im Kapitel „Anforderungen und Lernziele bestimmen" vorgestellten dynamischen Stellenprofilen arbeiten, ergeben sich die Lernziele meist aus den Kernaufgaben. Das Training hat zum Ziel, die Kompetenzen des Mitarbeiters hinsichtlich der optimalen Aufgabenbewältigung zu erweitern.

Das folgende Formular soll Ihnen bei der Formulierung Ihrer Trainingsangebote eine Hilfestellung sein. Es gibt ihnen eine einheitliche Gestalt, und die so verfassten Kurzkonzepte können dann durch die ausgewählten Trainer umgesetzt werden.

FORMULAR SEMINAR-KURZKONZEPT	
Titel der Veranstaltung	
Zielgruppe	
Seminarziele	
Seminarinhalte	
Methoden	
Dauer	

Jürgen lehnt sich zufrieden zurück und schaut sich das von ihm entwickelte Formular an, das er für besonders praktikabel und hilfreich hält. Er hat einen Key-Account-Manager vor Augen, der ihn neulich wegen der Qualifizierung einiger Mitarbeiter im Key-Account-Management um Rat gefragt hatte. Nun beginnt Jürgen damit, das Seminar-Kurzkonzept zu erstellen. Schon nach weniger als 10 Minuten ist das Konzept fertig.

SEMINAR-KURZKONZEPT	
Titel der Veranstaltung	Kritische Gesprächssituationen im Key-Account-Management
Zielgruppe	▪ Nachwuchs-Key-Account-Manager, die sich neu dieser Aufgabe stellen ▪ Erfahrene Key-Account-Manager, die ihre Kompetenzen auffrischen wollen
Seminarziele	▪ Gezielter Einsatz einer klaren Struktur in der Durchführung von **Key-Account-Jahresgesprächen** und Erreichen von Gesprächssicherheit

	▪ Anwendung unterschiedlicher Gesprächsstrategien bei **Konditionsverhandlungen** ▪ Steigerung der persönlichen Souveränität in **Problemlöse- und Reklamationsgesprächen**
Seminarinhalte	▪ Ziele und Inhalte des Jahresgespräches ▪ Das Jahresgespräch als Kundenbindungsinstrument ▪ Gesprächsaufbau und -strategien (Vorbereitung, Bedarfsanalyse, Angebotsplatzierung etc.) ▪ Taktiken in der Preis- und Konditionsverhandlung ▪ Persönliche Positionierung im Verhandlungsgespräch ▪ Überzeugungsstrategien ▪ Argumentationstechniken und Einwandbehandlung ▪ ...
Methoden	Inputphasen, Rollenspiele anhand der im Unternehmen befindlichen Instrumente, Checklisten und Leitfäden (Videofeedback), Diskussion von Fallbeispielen
Dauer	2 Tage

AUSWAHL DER ANBIETER

Nachdem das Seminarkonzept formuliert ist, können im nächsten Schritt gezielt Trainer oder Seminaranbieter ausgewählt werden. Deren Aufgabe besteht nun darin, die Konzepte umzusetzen. Zunächst einmal bieten sich sowohl interne als auch externe Trainer gleichermaßen an. Wichtig ist, dass der Trainer über das entsprechende Know-how und die Trainingsmethodik verfügt. Der folgende Gesprächsleitfaden unterstützt Sie dabei, den richtigen Trainer auszuwählen. Wir empfehlen Ihnen, das Gespräch grundsätzlich mit der Person zu führen, die anschließend das Training maßgeblich durchführen wird – nicht mit einem Trainingskollegen oder dem Vorgesetzten. Dieses Gespräch kann ebenso telefonisch erfolgen. Hilfreich ist es, dem Trainer das Kurzkonzept vorab zukommen zu lassen. So kann er gezielter Rede und Antwort stehen.

CHECKLISTE ZUR TRAINERAUSWAHL	
Trainings-/Seminarname	
Beschreibung des möglichen Trainers	
Name des Trainers	
Kontaktdaten	
Studien-/Berufsabschluss	
Alter	
Inhaltliche Schwerpunkte	
Trainingsphilosophie	
Trainingserfahrungen/Referenzen	
Sind schon inhaltlich vergleichbare Veranstaltungen durchgeführt worden? Falls ja, bitte genaue Beschreibung.	
Skizzierung des vom Trainer vorgeschlagenen Veranstaltungskonzepts und des methodischen Vorgehens	
Mögliche Vorschläge bezüglich des zeitlichen und organisatorischen Ablaufs der Veranstaltung	

Gibt es Referenzkunden, die kontaktiert werden dürfen?	
Seitens des Trainers benötigte Informationen zur Durchführung des Trainings	
Bei externen Trainern: Möglichkeit der Mitwirkung eines internen Trainers?	
Aufnahme in engere Auswahl:	☐ Ja ☐ Nein
Trainer ausgewählt:	☐ Ja ☐ Nein

Die Antworten des potenziellen Trainers geben einen guten Eindruck davon, wie tiefgehend er sich bereits mit den zentralen Themenfeldern auseinandergesetzt hat. Scheuen Sie sich nicht, streng in der Auswahl Ihrer Trainer zu sein. Ob ein Transfer in die Praxis gewährleistet wird, hängt schließlich davon ab, wie gut der Trainer die von Ihnen formulierten Ziele umsetzt. Zudem hängt die Akzeptanz des Trainers entscheidend davon ab, wie überzeugend er den Teilnehmern die Inhalte „verkaufen" kann. Somit schaffen Sie für den potenziellen Trainer eine erste „Arbeitsprobe", die es selbstverständlich zu bewältigen gilt.

Ein weiterer Aspekt ist bei der Trainerauswahl nicht zu vernachlässigen: Überlegen Sie, ob der Trainer bei der Zielgruppe gut ankommen wird. Nicht jeder Trainer ist für jede Zielgruppe geeignet. Unter Umständen kann ein erstes Kennenlernen zwischen den Teilnehmern und dem Trainer aufschlussreich sein.

EFFIZIENTES BRIEFING DES TRAINERS

Die Ergebnisse des Trainings können bereits dadurch positiv beeinflusst werden, dass der Trainer mit den spezifischen Bedingungen und Besonderheiten des Unternehmens vertraut gemacht wird. Der Nutzen liegt auf der Hand: Bereits bei der Trainingskonzeption können bestimmte Themen praxisnah aufbereitet werden, und die Trainingsteilnehmer erleben das Training als für den Arbeitsalltag gewinnbringend. Viele Unternehmen haben die positive Erfahrung gemacht, dass ein Trainer, der sich im Vorfeld bestmöglich über die tatsächlichen Systeme und Praktiken im Unternehmen informiert hat, ein guter Garant für den optimalen Transfer der Verhaltensänderung in die Praxis ist. Diese Investition lohnt sich vor allem immer dann, wenn man mit dem entsprechenden Trainer langfristig zusammenarbeiten möchte und wenn es um sehr zentrale und erfolgskritische Themenfelder geht. Lassen Sie im Zweifelsfall vorher ein Probetraining durchführen.

Folgendes Beispiel soll dies verdeutlichen: Die Energieversorger mussten sich unlängst auf die Liberalisierung des Strommarktes vorbereiten, um wettbewerbsfähig zu bleiben. Insbesondere der Vertrieb, den es bislang praktisch nicht gegeben hatte, musste neu ausgerichtet werden. Er wurde nun zu einem entscheidenden Wettbewerbsfaktor. Eine solche Situation bedeutet für einen Trainer, dass er die Vertriebsstrategien und Praxisinstrumente kennen, oder sogar im Vorfeld gemeinsam mit dem Kunden entwickeln muss, da der Vertrieb von Energie und die damit verbundenen Dienstleistungen viele neue inhaltliche Herausforderungen in sich bergen.

Ein Training, welches lediglich unterschiedliche Gesprächsstrategien wie aktives Zuhören, offene Fragen stellen etc. trainiert, ist nicht umfassend genug. Hier ist es entscheidend, den Trainer im Vorfeld aktiv einzubinden, da er einiges an Input und Know-how einbringen kann. Gleichzeitig muss der Trainer Informationen bekommen, denn nur, wenn dieser wirklich einen Überblick über die Probleme und Prozesse vor Ort hat, werden die Teilnehmer ihn als Experten akzeptieren. Die Gefahr ist zu groß, dass ansonsten die Trainingsinhalte, weil sie zu abstrakt sind, oberflächlich werden oder schlichtweg unbrauchbar sind, da die vom Trainer vermittelten Instrumente unter Umständen nicht zu den Problemen der Teilnehmer passen. Dieses Schicksal ereilt nicht selten offene Verkaufstrainings. Wenn ein Verkäufer von technischen Investitionsgütern, z. B. Scheibenbremsen für Industriehebekräne, neben einem Handelsvertreter für Herrenoberhemden sitzt, der wiederum als Tischnachbarn einen Vertreter für feuerfeste Sicherheitsschuhe hat, so stoßen hier vielfach Welten aufeinander. Nicht selten wandelt sich der Gesichtsausdruck der Teilnehmer von anfangs erschrocken, später genervt über wütend bis hin zu resigniert. Davon unabhängig kann es trotzdem den einen oder anderen fruchtbaren Austausch geben, der zu positiven Veränderungen in der eigenen Praxis führen kann.

Jürgen sucht nach dem Key-Account-Handbuch seines Unternehmens, das er dem von ihm auszuwählenden Trainer unbedingt zur Verfügung stellen möchte. Er ist der Ansicht, dass das von ihm vorskizzierte Training für seine Key-Account-Manager zweifellos zu den Themenfeldern mit hoher Priorität gehört und deutlich mehr Vorbereitung des Trainers erfordern wird, als z. B. ein Training „Business English". Er beschließt zudem, den Trainer gemeinsam mit verschiedenen Key-Account-Managern für ein oder zwei Tage Kundengespräche führen zu lassen. Hiervon verspricht sich Jürgen zweierlei: Zum einen würde der zukünftige Trainer die Produkte des Unternehmens und ausgewählte Kunden kennen lernen. Zum anderen könnte er unter Umständen bereits im Vorfeld einige kritische Situationen erleben, die es zu optimieren gilt – der Trainer würde darüber hinaus eine große Akzeptanz bei den Teilnehmern erhalten und glaubhaft die unternehmensspezifischen Systeme vermitteln können.

BEGLEITENDE MAßNAHMEN ZUR TRANSFERSICHERUNG IN DIE PRAXIS

Die Trainingsmaßnahme sollte natürlich auch im Nachhinein ein voller Erfolg sein und die gelernten Inhalte praktisch umgesetzt werden. Die getätigte Investition soll sich längerfristig lohnen.

Hierzu benötigen die Trainingsteilnehmer die Unterstützung durch die Unternehmung, und zwar in der Form, dass die Vorgesetzten der trainierten Mitarbeiter in die Verantwortung genommen werden. Es verwundert immer wieder, dass Seminarteilnehmer, zurückgekehrt von einer Maßnahme, nicht angehalten werden, über den Nutzen der Teilnahme zu berichten oder andere Kolleginnen und Kollegen von den neu erworbenen Kenntnissen profitieren zu lassen. Dies geht bisweilen soweit, dass auch der Vorgesetzte wenig bis gar nicht über die Trainingsinhalte und den daraus erwachsenden Nutzen für den eigenen Bereich informiert wird. Ein Gespräch kann hier Abhilfe schaffen. Es dauert nur einige Minuten, verspricht jedoch eine große Wirkung, wenn es darum geht, den langfristigen Erfolg einer Trainingsmaßnahme zu sichern.

Der folgende Gesprächsleitfaden wird Ihnen bei der Vor- und Nachbereitung jedes Seminares helfen. Er sollte konsequent genutzt werden, sonst schläft ein solch hilfreiches Werkzeug erfahrungsgemäß ganz schnell ein. Beinahe ausnahmslos bewerten die Mitarbeiter diesen Austausch positiv. Hinzu kommt, dass in dem Gespräch eine Wertschätzung des Mitarbeiters und seiner neuen Erfahrungen zum Ausdruck kommt, und dies wirkt zusätzlich motivierend. Das Gespräch ist sinnvollerweise zu drei Zeitpunkten zu führen. Kurz vor dem Seminar dient es vor allem dazu, dem Mitarbeiter aufzuzeigen, welche Lerninhalte für die persönliche Entwicklung vor dem Hintergrund seiner Tätigkeit besonders wichtig erscheinen. Direkt nach dem Seminar, wenn die gewonnenen Eindrücke noch ganz frisch sind, dient das Gespräch der Vereinbarung von Maßnahmen zur Transfersicherung. Gemeint ist hierbei z. B. die Vereinbarung, dass in kleiner Runde mit anderen Kollegen über die gelernten Fertigkeiten und gesammelten Erkenntnisse gesprochen wird. So können andere Mitarbeiter, die vielleicht nicht oder nicht sofort an dem Training teilnehmen, davon profitieren.

Um den Mitarbeiter bei einer langfristigen Umsetzung der Trainingsinhalte zu unterstützen, bietet es sich an, ein drittes Gespräch – etwa sechs Monate nach dem Training – zu führen, um über die Erfahrungen zu sprechen und Informationen darüber zu erhalten, welche Veränderungen auch langfristig und kontinuierlich verfolgt und umgesetzt wurden.

LEITFADEN ZUR VORBEREITUNG VON SEMINAREN

Name des Mitarbeiters:

Name des Vorgesetzten:

Titel der Veranstaltung:

Datum:

Gespräch zur Vorbereitung eines Seminares (kurz vor der Veranstaltung)	Raum für persönliche Notizen

Welche Erwartungen hat der Mitarbeiter an das Seminar?	
Welche Erwartungen hat der Vorgesetzte des Mitarbeiters an das Seminar?	
Für welche ganz konkreten Praxisprobleme soll das Seminar Lösungsansätze vermitteln?	
Welche Ziele sollen mit dem Seminar erreicht werden?	
An welchen Kriterien soll die Zielerreichung gemessen werden?	

LEITFADEN TRANSFERVEREINBARUNG FÜR SEMINARINHALTE (DIREKT NACH DEM SEMINAR)

Welche Lernerfahrungen aus dem Seminar werden in der Praxis umgesetzt?	
Wie und bei welchen Aufgaben werden diese Inhalte umgesetzt?	
Wer begleitet die Umsetzung der Inhalte?	
Woran werden wir in einem halben Jahr erkennen, dass das Seminar zu persönlichen Fortschritten geführt hat?	

LEITFADEN TRANSFERKONTROLLE FÜR SEMINARINHALTE (6 MONATE NACH DEM SEMINAR)	
Welche Inhalte aus dem Seminar wurden tatsächlich umgesetzt?	
Woran können wir den Entwicklungsfortschritt erkennen?	
Hat Sie dieses Seminar – rückblickend gesehen – tatsächlich weitergebracht?	
Welche Schwierigkeiten gab es bei der Umsetzung?	

Letztlich kann dieses Gespräch Verbindlichkeit im Hinblick auf die Teilnahme an einem Seminar herstellen. Der Nutzen für Sie liegt auf der Hand: Die Teilnehmer setzen sich bereits im Vorfeld des Seminars mit den Inhalten und den persönlichen Entwicklungsbereichen auseinander. Dies bewirkt zumeist, dass die Teilnehmer aktiv Übungen und Inhalte einfordern, die für sie relevant sind.

DOKUMENTATION DER ERFAHRUNGEN UND TRAININGSINHALTE ALS WISSENSMULTIPLIKATOR

Eine Dokumentation der Trainingsmaßnahmen kostet Zeit, und vielleicht stehen Ihnen auch nicht die nötigen Ressourcen zur Verfügung, die einzelnen Maßnahmen systematisch zu dokumentieren und für interessierte Mitarbeiter als Entscheidungshilfe für ein bestimmtes Training aufzubereiten. Wenn Sie jedoch eine solch gewinnbringende Aufbereitung in Ihrem Unternehmen vornehmen möchten, bietet sich als Lösung ein kurzer Fragebogen an, der gemeinsam mit dem Seminarfeedback-Bogen (mehr darüber im Kapitel: „Was hat es gebracht? –

Die Erfolgskontrolle") von den Teilnehmern ausgefüllt und z. B. pro Seminar in einem dafür vorgesehenen Ordner aufbewahrt wird.

Wenn sich einer Ihrer Mitarbeiter für ein bestimmtes Seminar interessiert, kann er einfach in der Personalabteilung durch den entsprechenden Ordner blättern und sich so einen Eindruck von der Veranstaltung verschaffen. Zum einen signalisiert die Personalabteilung auf diese Art und Weise Qualitätsbewusstsein und zum anderen können interessierte Mitarbeiter ihre Erwartungen an das entsprechende Seminar realistischer formulieren.

FORMULAR SEMINAR-DOKUMENTATION

Titel der Veranstaltung: **Trainer:** **Name des Teilnehmers:**	
Das habe ich in der Veranstaltung gelernt:	
Diese Erwartungen konnte das Seminar nicht erfüllen:	
Ich empfehle eine Teilnahme, wenn…	
Ich rate von einer Teilnahme ab, wenn…	
Meines Erachtens ist das Seminar für folgende Personen am besten geeignet:	

■ Argumentationshilfen

Die Tatsache, dass man bei klugen Leuten wichtige Dinge lernen kann, wird in der Regel auf Zustimmung treffen. Seminare und Trainings sind unter bestimmten Rahmenbedingungen sinnvoll – zu dieser Aussage gibt es selten nennenswerten Widerspruch. Schwierig wird es erst, wenn die Kosten für die Trainings und Seminare vorliegen. In unserer Praxis hören wir dann ein beherztes „Na ja, mag schon sinnvoll sein, aber ob das Training das viele Geld wert ist...". Neben den Trainertagessätzen ist auch opportunistisch der Arbeitsausfall der Teilnehmer zu berechnen, so dass ein Inhouse-Seminar schnell 20.000,- bis 35.000,- Euro kosten kann. Zu bedenken ist, dass die Opportunitätskosten der Teilnehmerarbeitszeit nicht wirklich als verloren gegangener Ertrag zu werten sind – die Mitarbeiter arbeiten die verloren gegangenen Stunden in den meisten Fällen nach. Wenn Sie mit den oben dargestellten Instrumenten arbeiten, können Sie relativ genau nachweisen, was die Teilnehmer in dem Seminar lernen, welche Methoden sie danach beherrschen und in welcher Beziehung dies zu den strategisch bedeutsamen Anforderungen des Unternehmens steht. Ob die Lerninhalte sinnvoll sind, wird man unter diesen Umständen nicht in Frage stellen, sofern sie den Kriterien für eine vernünftige Anwendung der Lernform Seminar genügen, also beispielsweise zentrale Grundlagenkompetenzen vermitteln. Ihre Aufgabe kann darin bestehen, nachzuweisen, dass das Seminar tatsächlich die im Vergleich ökonomischste und effektivste Lehrform ist.

Ein Vergleich einiger Vor- und Nachteile verschiedener Alternativen vereinfacht die Argumentation:

VERFAHRENSVERGLEICH		
Verfahren	**Vorteile**	**Nachteile**
Ein externer Trainer gestaltet das Seminar.	Externes Know-how wird eingekauft. Eine professionelle Gestaltung der Veranstaltung ist gewährleistet.	Die Trainerhonorare sind neben den Opportunitätskosten zu berücksichtigen.

Die Führungskräfte trainieren ausgewählte Mitarbeiter.	Tiefes Know-how über unternehmensinterne Spezifika. Es fallen keine Trainerhonorare an.	Die Opportunitätskosten sind sehr hoch. Neben den Zeiten für die Vorbereitung auf das Seminar müssen die Trainingstage der Führungskräfte berücksichtigt werden. Die Teilnehmer sind bei Anwesenheit der Vorgesetzten eher verschlossen, was ihre Schwächen und Entwicklungsbereiche angeht.
Die Mitarbeiter lernen die neuen Methoden und Systeme durch Selbststudium und setzen diese unter der Praxisanleitung der Vorgesetzten um.	Eigeninitiative der Mitarbeiter steht im Vordergrund. Es entstehen keine zusätzlichen Kosten für externe Trainer.	Der Qualitätsstandard ist zweifelhaft und die Opportunitätskosten ebenfalls hoch. Die Belastung der Führungskräfte ist immens. Zudem ist die Verbindlichkeit nur schwierig herzustellen, weshalb die Umsetzung im Allgemeinen scheitert.

Im Vordergrund steht immer die Zweckmäßigkeit der Maßnahmen. Dazu gehört auch eine Kostenabwägung. Deshalb ist es hilfreich, bei alternativen Lernformen die notwendigen Investitionen miteinander zu vergleichen. Falls sich herausstellt, dass diese alternativen Methoden bei gleich bleibender Effektivität tatsächlich geringere Kosten verursachen, ist ein Seminar vielleicht nicht die beste Lösung.

Mentorenprogramme und Patenschaften

Jürgen muss an die Zeit zurückdenken, als er Assistent des Geschäftsführers Müller bei der XY GmbH war. Seinen damaligen Vorgesetzten behält er als einen erfahrenen, gewieften, mitteilsamen und hoch zeitökonomischen Chef in Erinnerung. Für Jürgen ist die Assistenzzeit direkt im Anschluss an sein Studium zweifellos eine entscheidende Lernphase gewesen. Und auch wenn Müller sicherlich immer wieder die eine oder andere kritische Bemerkung auf sich zog – eines hatte er in jedem Fall verinnerlicht: Er betrachtete es als seine zentrale Aufgabe, den jungen Jürgen in die Geheimnisse des Managements einzuweihen. Jürgen musste zwar eine Reihe von weniger erfreulichen „Assi-Jobs" erledigen – häufig hieß das: Diagramme erstellen, Berichte verfassen, Recherchen durchführen, etc. – aber dafür nahm sich Müller viel Zeit, ihm zu erklären, wie das Unternehmen wirklich funktioniert, welche Netzwerke wichtig sind, wie man Probleme auf dem kurzen Dienstweg klärt, mit wem man in welcher Weise umgeht, welche Projekte warum wichtig sind und wie die Strategie des Unternehmens aussieht. Müller hatte ein hohes Selbstverständnis als Lehrender und betrachtete seinen Assistenten durchaus nicht nur als Lakaien für administrative Jobs. Jürgen ist der Ansicht, dass ein solches Selbstverständnis nicht nur im Hinblick auf die Einarbeitung neuer Mitarbeiter zu fördern wäre, sondern ebenso bei internen Neupositionierungen und schließlich bei der Qualifizierung von Mitarbeitern in bestehenden Teams.

Jürgen fasst den Entschluss, im eigenen Unternehmen zukünftig nicht nur auf die Intuition einzelner Führungskräfte zu vertrauen, sondern ein zielführendes System einzuführen. Was genau hatte er an Müller eigentlich so sehr geschätzt? Jürgen nippt versonnen an seinem Wein und gibt sich seinen Gedanken an damalige Zeiten hin, als er selbst noch grün hinter den Ohren war...

Mentorenprogramme und Patenschaften können wie folgt differenziert werden:

UNTERSCHIED: MENTORENPROGRAMME - PATENSCHAFTEN

Mentorenprogramme

Sie umfassen solche Aktivitäten, die dazu dienen, einen neuen Mitarbeiter an die fachlichen und überfachlichen Aspekte der Aufgaben, an die Prozesse und durchaus auch an die informellen Strukturen heranzuführen. Hierzu wird intern ein Mentor bestimmt.

Patenschaft

In einer Patenschaft wird zwischen einem hierfür bestimmten Paten und einem Mitarbeiter die Vereinbarung getroffen, dass der Pate dem Mitarbeiter in einem festgelegten Zeitraum definierte Kompetenzen vermittelt. Solche Vereinbarungen können auch zwischen Mitarbeitern getroffen werden, die schon einige Zeit im Unternehmen sind, von denen der eine Mitarbeiter jedoch in einem bestimmten Bereich über einen Kompetenzvorsprung verfügt.

Prinzipiell handelt es sich also bei Mentorenprogrammen um strukturierte Einarbeitungshilfen für neue Mitarbeiter. Im Vergleich hierzu haben Patenschaften zum Ziel, einzelne Kompetenzen zu vermitteln und fachliche Unterstützung zu gewähren. Als Personalentwicklungsinstrument zeichnen sich beide Methoden durch ein hohes Maß an Effektivität aus. Zudem profitieren von diesem Verfahren beide Seiten.

Die Mentoren und Paten werden vor die Aufgabe gestellt, sich mit bestimmten Inhalten (wieder) intensiver auseinanderzusetzen und sowohl fachbezogen als auch methodisch die eigenen Kompetenzen der Wissensvermittlung zu optimieren. Hinzu kommt, dass die Ernennung zum Paten bzw. Mentor Wertschätzung ausdrückt und somit motivierend wirkt.

In der Praxis hat sich gezeigt, dass die ausgewählten Mitarbeiter die zusätzliche Verantwortung als Mentor oder Pate nicht als erhöhte Belastung, sondern als Auszeichnung wahrnehmen. Die davon profitierenden Mitarbeiter erhalten durch ihre Mentoren oder Paten eine klare Orientierungshilfe und einen festen Anlaufpunkt für Fragen. Eine Nachwuchskraft erhält die Möglichkeit, erste Gehversuche als Führungskraft zu machen.

Diese Instrumente sind als qualifizierte Personalentwicklung zudem mehr als preiswert.

■ Voraussetzungen für den Einsatz

Da nicht in jedem Fall Mentorenprogramme oder Patenschaften Qualifizierungsprobleme lösen, sollen die folgenden Überlegungen bei der Entscheidungsfindung helfen, ob solche Instrumente im eigenen Unternehmen sinnvoll sind.

Vorher soll noch darauf hingewiesen werden, dass bestehende disziplinarische Verhältnisse zwischen Vorgesetzten und Mitarbeitern von Mentoren- und Patenschaftsprogrammen natürlich absolut unberührt bleiben.

EIGNUNG VON MENTORENPROGRAMMEN BZW. PATENSCHAFTEN	
Die Einführung solcher Instrumente ist dann sinnvoll, wenn ...	„Finger weg!" von einem Mentorenprogramm oder einer Patenschaft, wenn sie zum Ziel haben sollen, ...
<ul><li>neue Mitarbeiter eingearbeitet werden sollen,</li><li>eine Integration neuer Mitarbeiter in ein länger bestehendes, eingespieltes Team erfolgen soll,</li><li>Kompetenzen im Team multipliziert werden müssen (z. B. um die Flexibilität von Mitarbeitern hinsichtlich aufgabenübergreifender Kompetenzen zu steigern),</li><li>ein Mitarbeiter auf bestimmte Projekte vorbereitet werden soll (z. B. werden im Rahmen einer Patenschaft einem Mitarbeiter Projektmanagement-Tools vermittelt).</li></ul>	<ul><li>den Mitarbeiter als Mentor oder Paten zu disziplinieren (z. B., damit sich der Mitarbeiter selbst stärker in bestimmte Inhalte einarbeiten soll),</li><li>diese Verantwortung gegen den Willen des ausgewählten Mentors oder Paten zu übertragen,</li><li>die Verantwortung für die Integration eines sehr schwierigen Mitarbeiters in ein Team an einen Mentor zu delegieren,</li><li>einen Mitarbeiter einem Paten oder Mentor zuzuordnen, den dieser nicht akzeptiert.</li></ul>

■ Ablaufschritte und Methoden

Die Ausgestaltung der Mentorenprogramme und Patenschaften kann flexibel und individuell erfolgen.

Als Anregung sollen Ihnen die unten aufgeführten Ablaufschritte dienen, die im weiteren Verlauf des Kapitels detailliert erläutert werden:

ABLAUFSCHRITTE

1. Ein Mentor oder Pate wird bestimmt
2. Die Ziele der Mentoren- bzw. Patenschaft werden bestimmt
3. Die Aktivitäten werden durchgeführt
4. Zielüberprüfung, Abschlussbesprechung, Feedback
5. Lernfelder für den Mentor oder Paten werden identifiziert

EIN MENTOR ODER PATE WIRD BESTIMMT

Da ein Mentor die Verantwortung erhält, einen neuen Mitarbeiter in die Prozesse und Strukturen der Unternehmung und in die damit verbundenen Aufgaben einzuführen, sollte die Auswahl eines Mentors wohlüberlegt erfolgen. Wenn der einzuarbeitende Mitarbeiter noch keine Führungsverantwortung trägt, können vor allem die folgenden Mitarbeitergruppen mit der verantwortungsvollen Aufgabe eines Mentors betraut werden:

- Junge Mitarbeiter, die auf der Schwelle zu ersten Führungsaufgaben stehen
- Ältere Mitarbeiter, die erfahrene „alte Hasen" in ihrem Bereich sind, aber nie den Schritt zur Mitarbeiterführung gemacht haben

Für beide Zielgruppen bedeutet die Mentorenschaft Wertschätzung und Anerkennung ihrer Leistung. Die jungen Mitarbeiter können ihre ersten Gehversuche im Hinblick auf Führung machen. Die älteren Mitarbeiter erhalten eine Anerkennung ihrer Expertenschaft und Erfahrung.

Wenn es darum geht, neue Führungskräfte einzuführen, wird der Mentor in vielen Fällen der nächsthöhere Vorgesetzte selbst sein. Es kommen aber auch Kollegen in Frage, z. B. wenn dem neuen Gruppenleiter ein anderer Kollegen, der ebenfalls Gruppenleiter ist, zur Seite gestellt wird.

Wichtig ist, dass sich der ausgewählte Mentor durch *das Selbstverständnis eines unterstützenden Lehrers* auszeichnet.

Patenschaften zeichnen sich dadurch aus, dass der ausgewählte Mitarbeiter als Pate vorab definierte Kompetenzen an einen anderen Mitarbeiter oder Kollegen vermittelt. Als Paten werden sich insbesondere solche Mitarbeiter qualifizieren, die sich durch einen Kompetenz- oder Wissensvorsprung gegenüber anderen auszeichnen und in ausreichendem Maß die Fähigkeit haben, ihre Kenntnisse weiter zu vermitteln.

DIE ZIELE DER MENTOREN- BZW. PATENSCHAFT WERDEN BESTIMMT

Ausgangspunkt einer ergebnisorientierten Zieldefinition bei der **Mentorenschaft** ist das zuvor erarbeitete dynamische Stellenprofil des neuen Mitarbeiters. Die den Positionszielen zugeordneten Kernaufgaben zeigen die Tätigkeitsschwerpunkte des neuen Mitarbeiters auf und sind somit Basis für die Unterstützungsarbeit des Mentors. Als Ansprechpartner des neuen Mitarbeiters besteht seine Aufgabe darin, ihm Hilfestellung bei der Bewältigung der Kernaufgaben zu gewähren und ihm die Einarbeitung und Orientierung im Unternehmen zu erleichtern.

ZIELASPEKTE EINER MENTORENSCHAFT

1. Hinführung zur eigenständigen Bewältigung der Kernaufgaben

2. Kennenlernen der wichtigsten unternehmensinternen oder -externen Gesprächspartner gemeinsam mit dem Mentor

3. Sichere Nutzung der mit der Aufgabe verbundenen Instrumente und Methoden

---

Eine Aufgabe des Mentors wird es sein, diese eher groben Ziele zu konkretisieren. So könnte z. B. vorab präzise bestimmt werden, mit welchen Kollegen aus anderen Abteilungen und mit welchen Kunden der neue Mitarbeiter in welchem Zeitraum bekannt gemacht werden muss, damit er schnell über die für ihn notwendigen Kontakte verfügt.

Außerdem ist der Mentor aufgefordert, geeignete Maßnahmen zu bestimmen, die eine rasche Einarbeitung des Mitarbeiters hin zur eigenständigen Bewältigung der Kernaufgaben gewährleisten.

Die folgenden Aspekte sollen die Zieldefinition bei **Patenschaften** erleichtern:

ZIELASPEKTE EINER PATENSCHAFT

1. Vermittlung von Wissen oder Anwendungskompetenzen in einem klar umgrenzten Bereich

2. Vermittlung der Fähigkeit zur selbstständigen Bewältigung bestimmter neuer Aufgaben

Auch der Pate sollte darüber informiert sein, welches konkrete Wissen er wie vermitteln soll. Für den Erfolg einer Patenschaft ist es unabdingbar, dass die einzelnen Ziele gemeinsam konkretisiert werden.

DIE AKTIVITÄTEN WERDEN DURCHGEFÜHRT

Sollen Mentoren- oder Patenschaftsprogramme im Unternehmen als fester Bestandteil einer qualifizierten Personalentwicklung implementiert werden, kann die Personalabteilung den Führungskräften das nötige Instrumentarium wie Checklisten und Leitfäden zur Verfügung stellen. Zudem wird die Personalabteilung Hilfestellung bieten und die einzelnen Instrumente vorstellen. Die Ausgestaltung des Mentoren- oder Patenschaftsprogrammes liegt im Wesentlichen bei den Führungskräften selbst.

Ausgangspunkt beim **Mentorenprogramm** wird ein Planungsgespräch mit dem neuen Mitarbeiter, dem Mentor und idealerweise mit dem Vorgesetzten der beiden sein. Dieser Leitfaden kann für das gemeinsame Gespräch herangezogen werden:

LEITFADEN: VEREINBARUNG ÜBER EIN MENTORENPROGRAMM		
Mentor: Neuer Mitarbeiter: Vorgesetzter:		
Ziele des Programms	**vereinbarte Aktivitäten**	**Zeitplanung**
Hinführung zur eigenständigen Bewältigung der Kernaufgaben Kernaufgabe 1 Kernaufgabe 2 Kernaufgabe 3		
Kennenlernen der wichtigsten unternehmensinternen oder -externen Gesprächspartner gemeinsam mit dem Mentor Ansprechpartner 1 Ansprechpartner 2 Ansprechpartner 3		
Sichere Nutzung der mit der Aufgabe verbundenen Instrumente und Systeme Instrument 1 Instrument 2 Instrument 3		

Jürgen blickt auf den Leitfaden, den er sich für ein solches Gespräch erarbeitet hat. Das würden genau die Punkte sein, die für eine Vereinbarung zwischen Mentor und neuem Mitarbeiter wichtig sind. Und nun der Praxistest: Wie würde sich dieser Leitfaden im Gespräch mit einem erfahrenen Key-Accounter als Mentor und einem Nachwuchsverkäufer praktisch bewähren? Jürgen greift zum Füller und beginnt mit seinen Aufzeichnungen ...

VEREINBARUNG ÜBER EIN MENTORENPROGRAMM

Mentor: Erfahrener Key-Accounter Meier

Neuer Mitarbeiter: Neuer Key-Accounter Schmidt

Vorgesetzter: Vertriebsleiter Hermann

Ziele des Programms	vereinbarte Aktivitäten	Zeitpla-nung
Hinführung zur eigenständigen Bewältigung der Kernaufgaben Vorbereitung und Durchführung von Jahresgesprächen Kundenstrategien entwickeln und umsetzen ...	Gemeinsame Vorbereitung von 3 Gesprächen (Kunde A, B und C) Gemeinsame Entwicklung von Kundenstrategien für Kunden D, E und F, Diskussion der Strategien mit Vorgesetztem, Feedback und Angebotserstellung	
Kennenlernen der wichtigsten unternehmensinternen oder -externen Gesprächspartner gemeinsam mit dem Mentor Produktionsleiter Lorenz Personalleiter Pfiff Schlüsselkunde Stockert ...	Gespräch mit Lorenz Gespräch mit Pfiff Abendessen mit Stockert	
Sichere Nutzung der mit der Aufgabe verbundenen Instrumente und Systeme Wochenmeldung	Gemeinsames Ausfüllen im ersten Monat	

Planungssoftware XY4	Selbstständiges Durcharbeiten des Handbuches, Notieren aller Fragen, regelmäßige Besprechung mit Mentor	
TQM-Handbuch	Teilnahme TQM-Schulung, Besprechung der Kernprozesse vor der ersten eigenen Durchführung mit dem Mentor	
Speisekarte in der Kantine	Selbststudium mit anschließendem gemeinsamen Test	
...		

Ein Leitfaden für das **Patenschaftsprogramm** könnte wie folgt aussehen:

LEITFADEN: VEREINBARUNG ÜBER EINE PATENSCHAFT

Pate:

Mitarbeiter:

Vorgesetzter:

Ziele der Patenschaft	vereinbarte Aktivitäten	Zeitplanung
Erwerb von Wissen und Anwendungskompetenzen in den folgenden Bereichen: Bereich 1 Bereich 2 Bereich 3		
Fähigkeit zur selbstständ. Bearbeitung folgender Aufgaben: Aufgabe 1 Aufgabe 2 Aufgabe 3		

ZIELÜBERPRÜFUNG, ABSCHLUSSBESPRECHUNG UND FEEDBACK

Es ist empfehlenswert, ein Mentorenprogramm oder eine Patenschaft immer mit einer gemeinsamen Zielüberprüfung abzuschließen, gegenseitiges Feedback zu geben und Verbesserungsvorschläge zu formulieren. Ziel des Abschlussgespräches ist es hier, Verbindlichkeit herzustellen und ein sanftes „Ausschleichen" der weiteren Aktivitäten zu verhindern. Im Vordergrund können hierbei die folgenden Fragen stehen:

FRAGEN BEIM ABSCHLUSSGESPRÄCH

1. Wurden die angestrebten Ziele erreicht?
   Waren die dazu geplanten Aktivitäten sinnvoll oder ist die Ausgestaltung der Zusammenarbeit in der Praxis von der ursprünglichen Planung abgewichen?

2. Welche Dinge wurden vom Mitarbeiter als besonders positiv erlebt?
   Wovon wurde am meisten profitiert?

3. Was lässt sich in der Zukunft verbessern?

4. Wie sieht das persönliche Feedback an den Mentor bzw. Paten aus?

LERNFELDER FÜR DEN MENTOR ODER PATEN WERDEN BESTIMMT

An dieser Stelle möchten wir noch einmal darauf hinweisen, dass es sich bei Mentoren- und Patenschaften immer im doppelten Sinn um Personalentwicklung handelt: Auch Mentor und Pate lernen viel und verdienen ein umfassendes Feedback durch den Vorgesetzten und daraus abgeleitete Verbesserungshinweise.

■ Argumentationshilfen

Die Praxis zeigt, dass Mentorenprogramme und Patenschaften von den Beteiligten als eine „prima Sache" erlebt werden – dies macht die Argumentation für solche Instrumente der Mitarbeiterqualifizierung leicht. Dennoch soll auf einen kritischen Faktor hingewiesen werden:

Einige Mitarbeiter argumentieren, für die Aufgabe des Mentors oder Paten wenig Zeit zu haben. Dies erwächst meistens aus der Angst, dass ein Interesse an einer solchen verantwortungsvollen Aufgabe von anderen so ausgelegt werden könnte, dass man durch seine eigene Tätigkeit nicht ausgelastet sei. Hier gilt es, als Vorgesetzter sensibel zu argumentieren und diesen Bedenken geschickt entgegenzuwirken. Oftmals ist der Hinweis hilfreich, dass Mentoren oder Paten bereits nach einiger Zeit durch den zugewiesenen Mitarbeiter entlastet werden, da diese ihre neu erlernten Kompetenzen unmittelbar nutzbringend einsetzen können. Motivierend ist zumeist auch der persönliche Zugewinn, den Mentor oder Pate durch diese anspruchsvolle Aufgabe erfahren, da sie selbst viel lernen.

In vielen Unternehmen gibt es bereits Mentorenprogramme oder Patenschaften, und Mitarbeiter geben ihr Wissen an andere weiter – der Gedanke ist also nicht neu. Die große Chance für Unternehmen liegt darin, durch eine Systematisierung einfacher Instrumente und eine entsprechende Verbindlichkeit den Fokus auf den Personalentwicklungsaspekt zu legen. Erhalten solche Instrumente einen offiziellen Charakter, so zeigt sich in der Praxis, dass bei den Mitarbeitern das Selbstverständnis zunimmt, kontinuierlich Lernende und Lehrende zu sein. Und gerade das ist von enormer Wichtigkeit für den ständigen Wandel, dem man heutzutage ausgesetzt ist.

Coaching

Jürgen kommt nun zu einem Thema, das ihn immer wieder fasziniert – zumal er über Coaching schon jede Menge gehört hat. Wenn er es recht überlegt, hört er nun ständig davon. Irgendwer wird immer gecoacht. Alle Führungskräfte sprechen laufend davon, ihre Mitarbeiter zu coachen. Einige betreiben nach eigenen Angaben „Intensiv-Coachings", andere betreiben Coaching kontinuierlich, wieder andere nur in ausgewählten Fällen. In seinen jungen Jahren verband Jürgen mit dem Begriff immer eine gewisse Dramatik und Intensität, und zuerst vermutete er, dass Coaching so eine Art „Intensiv-Therapie zur Unterstützung unglücklicher Manager" ist. Später wurde ihm klar, dass externe Coaches gerade bei hochrangigen Führungskräften eher die Funktion eines mittelalterlichen Hofnarren einnehmen und den Führungskräften – nach Begleitung im Tagesgeschäft – unter vier Augen diejenigen Dinge als Feedback zurückmelden, die außer ihnen niemand mehr auszusprechen wagt. Je mehr Leute er jedoch kennen lernte, die irgendwen coachen, desto mehr keimte in ihm die Frage auf, ob die wirklich alle über das Gleiche sprechen. Irgendwann erlaubte sich Jürgen die Frage, was seine Führungskräfte denn eigentlich tatsächlich tun, wenn sie Leute coachen. Jürgen erinnert sich daran, in einer Sitzung seinem damaligen Gruppenleiter die folgende Frage gestellt zu haben: „Angenommen, Sie nehmen sich am Montag von 15.00–16.00 Uhr Zeit, um Mitarbeiter Michel zu coachen. Was machen Sie dann eigentlich in dieser Zeit mit ihm?" Jürgen hatte zunächst in erstaunt schweigende Gesichter geblickt und war einen Augenblick unsicher gewesen, ob er vielleicht doch eine dumme Frage gestellt hatte. Er kam aber zu dem Schluss, dass seine Frage überaus vernünftig sei und beharrte auf entsprechenden Antworten. Es kristallisierte sich als gemeinsamer Nenner heraus, dass die Führungskraft in dieser Zeit mit ihrem Mitarbeiter Michel sprechen würde – aber dann war es mit der Gemeinsamkeit schon vorbei. Jürgen wollte auch damals keineswegs in Abrede stellen, dass alle Führungskräfte im Coaching sicherlich etwas Sinnvolles mit ihren Mitarbeitern taten. Aber so ganz befriedigt hatte ihn das nicht. Jürgen hält Coaching für ein viel zu wichtiges und zentrales Entwicklungsinstrument, als dass man es völlig der Beliebigkeit und Intuition der einzelnen Führungskräfte überlassen sollte. Wild entschlossen, für sein Unternehmen das Beste zu erreichen, denkt er über ein pragmatisches System nach...

Um Coaching als ein zentrales Kernstück der Personalentwicklungs-aktivitäten zu verankern, muss man tatsächlich ein gemeinsames Verständnis darüber schaffen, was Führungskräfte eigentlich sinnvollerweise tun, wenn sie ihre Mitarbeiter coachen. In diesem Buch soll es dabei in erster Linie um das Coaching durch den jeweiligen Vorgesetzten oder einen anderen Coach aus dem Unternehmen gehen. Natürlich lassen sich die Instrumente aber in analoger Weise ebenso bei externen Coaches oder Beratern nutzen.

> **Coaching bedeutet, dass ein Coach mit einem Mitarbeiter solche Situationen bespricht, vorbereitet und auswertet, die diesem Schwierigkeiten bereiten.**

Coaching soll hier so verstanden werden, dass es sich an *Situationen* orientiert und nicht an Eigenschaften, die besser ein Thema für Mitarbeiter-Beurteilungssysteme sind. Um das Coaching als pragmatisches Instrument für die Praxis besser nutzen zu können, wurde der Begriff hier eher eng gefasst. Viele Führungskräfte verstehen unter Coaching, auch vertrauliche Problemlösungsgespräche zu führen, z. B. im Hinblick auf Konflikte im Team, die persönliche Positionierung oder sogar private Probleme ihres Mitarbeiters. Da diese Themen mehr zum übergeordneten Bereich der *Führung* gehören und weniger der Personalentwicklung zuzuordnen sind, werden sie hier ausgeklammert.

Das Ziel von Coaching als Personalentwicklungsinstrument ist, Mitarbeiter dabei zu unterstützen, kritische Situationen, die mit ihrer Tätigkeit einhergehen, besser zu meistern. In der Praxis stellt sich dies so dar: Ein Mitarbeiter ist z. B. vor die Aufgabe gestellt, eine wichtige Präsentation vor Fachpublikum zu halten. Er tritt an seinen Coach mit der Frage heran: „Wie mache ich das wohl am besten?" Zunächst werden der Vorgesetzte und er besprechen, wobei er genau Unterstützungsbedarf hat. Hierzu wird die Präsentation ausführlich mit dem Coach besprochen. Das eine oder andere kann bereits in diesem Gespräch geklärt werden. Darüber hinaus wird die bevorstehende Situation simuliert, d. h., der Coach wird sie mit dem Mitarbeiter durchspielen.

Eine anschließende Be- und Auswertung kann gemeinsam erfolgen. Im Vertrieb sind solche Praxissimulationen bereits vielfach eine Selbstverständlichkeit – in anderen Funktionen immer noch eher unüblich.

Jürgen erinnert sich daran, wie er als junger Mitarbeiter zum ersten Mal in der Funktion des Projektleiters eine Kick-Off-Projektsitzung geleitet hat und in diesem Meeting einen Projektplan mit den Teammitgliedern ausarbeiten musste. Einige der Projektmitarbeiter waren damals deutlich älter und erfahrener als er – Jürgen war ziemlich aufgeregt gewesen. Sein damaliger Vorgesetzter hatte sich jedoch glücklicherweise viel Zeit dafür genommen, mit ihm gemeinsam diese Situation vorzubereiten und Strategien für die Projektgestaltung durchzusprechen. Jürgen erinnert sich noch genau daran, wie er stammelnd vor seinem Vorgesetzten gestanden und nach einleitenden Worten gerungen hatte. In der eigentlichen Projektsitzung hatte er schließlich durch einen gut gewählten Einstieg glänzen können – „Genau das will ich in unserem Unternehmen unter Coaching verstehen!"

Um dem Instrument Coaching in der Praxis eine Struktur zu geben, bietet es sich an, dass die Personalabteilung den einzelnen Unternehmensbereichen die dafür nötigen Methoden und Leitfäden zur Verfügung stellt. Darüber hinaus empfiehlt es sich unbedingt, die Führungskräfte durch ein Training darin zu unterstützen, das Coaching anzuwenden und durchzuführen.

Zu diesem Training haben wir ein Seminarkurzkonzept vorbereitet:

SEMINAR-KURZKONZEPT	
Titel der Veranstaltung	Steuern Sie aktiv das Wachstumspotenzial Ihrer Mitarbeiter. Lernen Sie Strategien, Instrumente und praktische Umsetzungen beim Coaching kennen.
Zielgruppe	Führungskräfte, die systematische Coaching-Techniken zur Entwicklung ihrer Mitarbeiter nutzen möchten.
Seminarziele	▪ Entwicklung eines zielführenden Selbstverständnisses als Coach.

	* Erwerb von Anwenderkenntnissen im Bereich der Coaching-Techniken. * Gewinnung von Souveränität und Variabilität bei der Gestaltung von Coaching-Prozessen.
Seminarinhalte	* Ziele und Inhalte von Coaching-Maßnahmen: Welche Situationen und Aufgaben sind für Ihre Mitarbeiter kritisch? * Strategien zum Kompetenzaufbau bei Mitarbeitern: Welche Problemlösungen können Sie aufzeigen? * Fallbeispiele für Coaching-Prozesse * Instrumente und Techniken im Coaching-Prozess * Gesprächstechniken beim Coaching * Konkrete Übung von Coaching-Gesprächen anhand realitätsnaher Praxisfälle und -beispiele * Eigene Stärken und Verbesserungsfelder in der Rolle als Coach * Vorbereitung der praktischen Umsetzung anhand der unternehmenseigenen Coaching-Instrumente
Methoden	Inputphase, Rollenspiele mit Videofeedback, Fallstudien
Dauer	2 Tage

■ Voraussetzungen für den Einsatz

Coaching eignet sich für nahezu alle Entwicklungs- und Qualifizierungsherausforderungen. Sie sollten allerdings eine Inflation des Begriffes vermeiden. Aus Effektivitätsgründen wird man nur für solche Situationen formale Coaching-Vereinbarungen treffen, in denen einfache Hinweise wie „Herr Meier, probieren Sie doch mal xy, ich könnte mir vorstellen, dass Ihnen z dann leichter fällt" nicht genügen.

■ Ablaufschritte und Instrumente

Der Ablauf eines Coachings könnte beispielsweise wie folgt gestaltet werden:

ABLAUFSCHRITTE
1. Gemeinsame Problem- und Zieldefinition 2. Vereinbarung des Vorgehens 3. Durchführung der Coaching-Aktivitäten

GEMEINSAME PROBLEM- UND ZIELDEFINITION

Der Ausgangspunkt eines Coaching-Prozesses ist die gemeinsame Problem- und Zieldefinition. Eine exakte Abgrenzung ist besonders wichtig, denn ohne eine gemeinsame Definition dessen, was verändert werden und wie der gewünschte Zielzustand aussehen soll, besteht die Gefahr, den Mitarbeiter zu verunsichern. Unter Umständen wird dann nicht „an einem Strang gezogen", und der Mitarbeiter entwickelt möglicherweise sogar einen gewissen Widerwillen gegen die für ihn undurchsichtige Coaching-Aktivität.

Der folgende Leitfaden bildet einen idealtypischen Coaching-Prozess ab. In der Praxis werden die Gespräche sicher weniger formal ablaufen – der Leitfaden stellt die grundsätzliche Orientierung dar:

LEITFADEN: VEREINBARUNG ÜBER EINEN COACHING-PROZESS

Coach:
Mitarbeiter:

In welchen Situationen ergeben sich für den Mitarbeiter Schwierigkeiten? Welche Aufgaben könnten noch besser bewältigt werden?	Was ist das gewünschte Ergebnis? Wie sollte die Situation oder Aufgabe idealtypisch gelöst werden?
Situation 1:	
Situation 2 :	
Situation 3 :	
Situation 4 :	
Worauf sind aus Sicht des Mitarbeiters und aus Sicht des Coaches die Schwierigkeiten zurückzuführen? Wie kommt es zu der Abweichung zwischen dem derzeitigen Vorgehen und dem eigentlich gewünschten?	Welche dieser Aspekte sind durch ein Coaching beeinflussbar? Was ist eher durch Rahmenbedingungen verursacht?
Situation 1:	
Situation 2 :	
Situation 3 :	
Situation 4 :	
Handlungsalternativen, die der Mitarbeiter in Zukunft ausprobieren möchte	Empfehlungen durch den Coach

Situation 1:	
Situation 2 :	
Situation 3 :	
Situation 4 :	
Gemeinsame Planung der Veränderungsschritte: Aktivitäten des Mitarbeiters	Gemeinsame Planung der Veränderungsschritte: Unterstützung durch den Coach
Situation 1:	
Situation 2 :	
Situation 3 :	
Situation 4 :	
Konkrete Terminvereinbarung für die nächsten Schritte des Coaching-Prozesses	

VEREINBARUNG DES VORGEHENS

Nachdem ein gemeinsames Problemverständnis erzielt wurde, können Sie präzise Zielvorstellungen entwickeln. Folgende Fragen können hierbei von Nutzen sein:

- Wie soll der Mitarbeiter die Aufgaben und Situationen in Zukunft lösen?
- Was markiert den Erfolg der Coaching-Maßnahme?

Im nächsten Schritt können konkrete Verhaltensmöglichkeiten für den Mitarbeiter skizziert und Unterstützungsmaßnahmen vorbereitet werden. Wichtig ist hierbei, dass sich sowohl der Mitarbeiter als auch der Coach nicht überfordern. Wenn beispielsweise die Situation „Schwierige Erstgespräche mit potenziellen Neukunden führen" Gegenstand des Coachings ist, sollten bestimmte Einzelaspekte, z. B. Bedarfsanalyse, Produktdarstellung, Einwandbehandlung, Preisverhandlung etc. dieses Gespräches getrennt betrachtet und im Coaching unabhängig voneinander behandelt werden.

Auch organisatorische Aspekte bedürfen der Klärung. Dazu gehört z. B., in welchen Abständen sich Coach und Mitarbeiter von nun an treffen wollen, um die zwischenzeitlichen Erfahrungen zu besprechen und neue Handlungsmöglichkeiten zu diskutieren. Praktikabel erscheint ein ca. einstündiges Treffen im vierzehntägigen bis dreiwöchigen Turnus.

DURCHFÜHRUNG DES COACHINGS

Im Gespräch können zunächst mögliche Handlungsalternativen und Strategien für die ausgewählte kritische Situation geplant werden. Für das Beispiel „Schwierige Erstgespräche mit potenziellen Neukunden führen" bedeutet dies, gemeinsam eine Strategie für ein in absehbarer Zeit stattfindendes Erstgespräch abzustimmen. Ziel hierbei ist es, durch erfolgversprechende Handlungsalternativen dem Mitarbeiter dabei zu helfen, die identifizierten Schwierigkeiten, die im Leitfaden vermerkt sind, zu überwinden. Eine greifbare Hilfe für den Mitarbeiter stellt hierbei die Simulation der kritischen Situation in einem Rollenspiel dar. Die einzelnen Handlungsalternativen können hierbei ausprobiert und im anschließenden Nachgespräch mit weiteren Aspekten wesentlich konkreter besprochen werden. Dazu schlüpft der Coach in die Rolle des Kunden, und der Mitarbeiter führt beispielsweise eine Bedarfsanalyse durch. Ein Zusatznutzen ergibt sich aus der Tatsache, dass sowohl Mitarbeiter als auch Coach den Blick für zwischenmenschliche Situationen und unterschiedliche Wahrnehmungen und Interpretationen schärfen. Abschließend kann überlegt werden, welche weiteren Unterstützungsleistungen für den Mitarbeiter nötig und realisierbar sind.

Coaching, das so verstanden wird, hat zum Ziel, dass Führungskräfte ihr Erfahrungswissen an ihre Mitarbeiter weitergeben. Die meisten Führungskräfte tun das ohnehin. Aber die strukturierte und geplante

Form hat den Vorteil, dass die Mitarbeiter effizienter und mit klarer Orientierung von dem Wissen ihrer Vorgesetzten profitieren. Mit zunehmender Führungserfahrung werden die Coaching-Prozesse durch den Vorgesetzten zumeist immer freier gestaltet. Junge Führungskräfte hingegen erleben ein strukturiertes und formales Vorgehen als Hilfestellung für die systematische Kompetenzerweiterung ihrer Mitarbeiter.

■ Argumentationshilfen

Coaching, als gezieltes Personalentwicklungsinstrument, stößt auf eine hohe Akzeptanz in den Unternehmen. Erfahrungsgemäß ist aber auch hier die fehlende Zeit zentrales Gegenargument für ein strukturiertes Vorgehen. Eines sollte jedoch jedem unmittelbar klar sein: Coaching – damit ist der konsequente Aufbau von Mitarbeiterpotenzialen gemeint – ist eine wichtige Führungsaufgabe. Schließlich führt die Zeitinvestition zu einem Kompetenzzuwachs des Mitarbeiters und damit letztlich zu einer zeitlichen Entlastung der Führungskraft. Komplexere Aufgaben können zukünftig vertrauensvoll delegiert werden. Mitarbeiter werden durch ein vielfach übliches Trial-and-Error-Verfahren oft verunsichert, was in der Praxis dazu führt, dass sie „so vor sich hinwursteln". Gelegentlich wird dann mit einem Feedback entgegengesteuert. Dieses Vorgehen wird gemeinhin als „Learning by doing" bezeichnet und scheint nicht immer effizient und zielführend zu sein.

Interne Wissensmultiplikation

Eine Sache hat Jürgen schon immer gestört: Es gibt in seinem Unternehmen eine ganze Menge Mitarbeiter und Führungskräfte, die sich gerne mit Eigeninitiative, manchmal mit einem leichten Schubs vom Chef, um ein hervorragendes Up-to-Date-Know-how kümmern. Sie informieren sich intensiv über Branchentrends, Marktentwicklungen, neue Produkte usw. Sie gehen auf Kongresse, Fachtagungen und nehmen an Arbeitsgruppen teil. Was Jürgen nun stört, ist die Tatsache, dass dieses Wissen kaum einmal für andere nutzbar wird. Wie oft musste er bereits feststellen, dass, z. B. durch den

Weggang eines Mitarbeiters, Expertenwissen verloren gegangen ist, welches in mühevoller Arbeit zurückgewonnen werden musste. Daher lenkt Jürgen sein Augenmerk jetzt auf eine Personalentwicklung, die Methoden zur Verfügung stellt, Informationen strukturiert zu sammeln und an andere weiterzugeben ...

In jedem Unternehmen lohnt es sich, das vorhandene Wissen und die umfangreichen Erfahrungen den Mitarbeitern gezielter zur Verfügung zu stellen. Dass unsere Gesellschaft eine Informationsgesellschaft ist, lässt sich wahrlich nicht abstreiten, und es wird zukünftig immer entscheidender, auf wichtige Informationen wesentlich schneller als bisher zugreifen zu können. Die relativ junge Disziplin des Wissensmanagements sucht nach Möglichkeiten, das im Unternehmen vorhandene Knowhow sinnvoll zu verwalten und für die Mitarbeiter effektiv nutzbar zu machen. Viele Unternehmen erkennen heutzutage, wie wichtig es ist, Experten-Know-how in der Unternehmung so zu sichern, dass durch eine mögliche Fluktuation erfolgskritische Informationen nicht verloren gehen. Hierzu gibt es Beratungsunternehmen, die sehr gute und durchdachte Konzepte sowie entsprechende Software zur Verfügung stellen. In dem vorliegenden Buch soll das Thema Wissensmanagement bzw. -multiplikation jedoch als Personalentwicklungsinstrument betrachtet werden.

> **Interne Wissensmultiplikation ist die gezielte Nutzung einfacher Mittel, um erworbene Kenntnisse an andere Mitarbeiter weiterzugeben.**

Der Ausgangspunkt für eine gezielte Wissensmultiplikation im eigenen Unternehmen ist die Beantwortung der folgenden Fragen:

- Was sollten unsere Mitarbeiter von ihren Kollegen lernen und erfahren?
- In welche Themen und Bereiche sollten sich einzelne Mitarbeiter einarbeiten, um das so erworbene Wissen an ihre Kollegen weiterzugeben?

Zwei sehr pragmatische Methoden der Wissensmultiplikation bieten sich in allen Unternehmen an:

1. Ein Mitarbeiter bereitet in Form einer Präsentation (z. B. im Rahmen eines Bereichsmeetings) ein ausgewähltes Thema für seine Kollegen auf.
2. Ein Mitarbeiter stellt in schriftlicher Form wichtige Informationen für andere Kollegen zusammen.

Sicherlich fallen Ihnen noch weitere Möglichkeiten der Wissensmultiplikation ein. Letztlich werden Informationen jedoch zumeist in schriftlicher oder mündlicher Form weitergegeben.

■ Voraussetzungen für den Einsatz

Eine systematische Wissensmultiplikation kann in jedem Unternehmen recht einfach implementiert werden. Handelt es sich um Expertenwissen, wie z. B. Kenntnisse über bestimmte Verfahren und Prozesse, Produktinnovationen, Strategien anderer Unternehmen, Trends usw., so kann die Weitergabe der wichtigen Informationen auf den beiden oben dargestellten Wegen erfolgen. Aber auch Projekterfahrungen oder Kenntnisse über bestimmte EDV-Programme können ganz gezielt vermittelt werden. Schwieriger stellt sich dies z. B. für umfangreiche persönliche Lernerfahrungen aus einem Führungstraining dar. In Seminaren wird der Wissens- und Kompetenzzuwachs zu einem großen Teil durch praktische Übungen erreicht. Eine Dokumentation der gewonnenen Erfahrungen ist vor diesem Hintergrund sowohl in schriftlicher als auch in präsentierter Form für andere Mitarbeiter wenig effektiv. In solchen Fällen bietet sich eher die eigene Teilnahme an der entsprechenden Schulung oder dem Seminar an. Außerdem gibt es besonders schwierige und komplexe Themenfelder, die eine zeitintensive Aufbereitung erfordern. Daher sollten Sie sich immer die Frage stellen, ob der zu erwartende Nutzen den Aufwand einer Wissensdokumentation rechtfertigt.

■ Ablaufschritte und Methoden

Das folgende Vorgehen macht deutlich, wie Wissensmultiplikation als Personalentwicklungsinstrument im eigenen Unternehmen gestaltet werden kann:

ABLAUFSCHRITTE INTERNE WISSENSMULTIPLIKATION
1. Identifikation von interessanten und wichtigen Themenfeldern
2. Festlegen von Verantwortlichkeiten
3. Durchführung der Aktivitäten

IDENTIFIKATION VON INTERESSANTEN UND WICHTIGEN THEMENFELDERN

Gerade die Unternehmensstrategie stellt die bedeutendste Quelle für mögliche Themenfelder dar. Auch die Personalentwicklung richtet schließlich ihre Bemühungen darauf aus, Mitarbeiter für die Umsetzung der Unternehmensstrategien zu qualifizieren. Ein Unternehmen welches z. B. Serviceführerschaft als eine Unternehmensstrategie formuliert hat, wird sich regelmäßig über Trends im Bereich der Serviceleistungen informieren wollen. Hierzu bieten sich die Marktbeobachtungen der eigenen Branche und vergleichbarer Branchen an – im Sinne eines Benchmarks. Weiterhin sind natürlich Informationen über Markt-, Branchen- und Wettbewerbstrends von größtem Interesse. Interessante Themenfelder stellen für viele Unternehmen auch Produktinnovationen und wirtschaftliche Rahmenbedingungen dar. Ein weiterer, ganz zentraler Bereich betrifft Arbeitsmittel und Arbeitsinstrumente, wie beispielsweise neue Softwaretools. Nicht zu vergessen ist das in Projekten gesammelte Know-how. Auch das Wissen um unternehmensinterne Prozesse, z. B. nach einer Neugestaltung, muss für viele Mitarbeitergruppen so aufbereitet und weitergegeben werden, dass die Wettbewerbsfähigkeit des Unternehmens erhalten bleibt. Eine effiziente Wissensmultiplikation zur Weitergabe und Aufrechterhaltung erfolgsrelevanten

Wissens eignet sich zusammengefasst insbesondere für die folgenden Themenbereiche:

- Fachliche Themen, die sich durch die Unternehmensstrategie ergeben
- Markt-, Branchen- und Wettbewerbstrends
- Produkte und Produktinnovationen
- Wirtschaftliche Rahmenbedingungen
- Arbeitsmittel und Arbeitsinstrumente
- Projekt-Know-how
- Unternehmensinterne Prozesse

VERANTWORTLICHKEITEN WERDEN FESTGELEGT

Ganz praktisch sieht es nun so aus, dass, nachdem die für ein Team oder eine Abteilung prinzipiell interessanten Themen identifiziert worden sind, einzelne Mitarbeiter die Verantwortung für die Einarbeitung in dieses Thema übernehmen. Hierbei sollten persönliche Interessen stark berücksichtigt werden, weil dann eine engagierte Beschäftigung mit dem Thema wahrscheinlich ist. Letztlich wird ein Teil der Aktivitäten möglicherweise in der Freizeit erfolgen müssen, und darum ist ein persönliches Interesse des Mitarbeiters sehr förderlich. In diesem Zusammenhang sollte geklärt werden, auf welchem Weg die Informationen eingeholt werden sollen. Wir kennen beispielsweise Unternehmen, in denen es durchaus üblich ist, dass einzelne Mitarbeiter die Kerngedanken bestimmter Bücher, die sie gelesen haben, für ihre Kollegen auf fünf bis sechs Charts zusammenfassen. Ansonsten eignen sich meist aktuelle Fachveranstaltungen (Kongresse, Messen), Magazine und Fachzeitschriften ebenso wie Gespräche mit unternehmensinternen Experten. Unterstützende Begleitung durch Praktikanten ist übrigens eine hervorragende und für alle Beteiligten zielführende Möglichkeit, Informationen zusammenzustellen. Wenn die Themen etwas komplexer werden, können sich sinnvollerweise auch zwei oder sogar drei Mitarbeiter gemeinsam vorbereiten. Diese Aufgabe ist für Führungsnachwuchskräfte und Trainees sehr gut geeignet, um sich in bestimmte Bereiche einzuarbeiten.

Wichtig ist, dass einzelne Mitarbeiter eine klare Verantwortung dafür übernehmen, Kollegen in ihrer oder einer anderen Abteilung ein bestimmtes Thema kompakt nahezubringen. Außerdem müssen die Aktivitäten unter Wertschöpfungsgesichtspunkten sinnvoll, also wirklich zielorientiert im Hinblick auf die Frage „Welches Wissen sollten wir bei uns multiplizieren?" sein, und nicht nur dem Selbstzweck dienen.

Besonders geeignet ist interne Wissensmultiplikation, um in Projekten gesammeltes Wissen weiterzugeben. Man kann sich z. B. in Bereichsmeetings regelmäßig über aktuelle Projekte, Herangehensweisen, Problemlösungen und dabei neu entwickelte Tools austauschen. So wird der Tendenz entgegengewirkt, dass das Rad laufend neu erfunden wird.

Ein letzter Aspekt sollte bei der Benennung der Verantwortlichkeiten auf keinen Fall vergessen werden: Für diejenigen Mitarbeiter, die sich um ein bestimmtes Thema kümmern, ergibt sich ein wertvoller Personalentwicklungseffekt. Wenn Sie einen Kongress besuchen und bereits im Vorfeld wissen, dass Sie die wichtigsten Gedanken und Diskussionspunkte für Ihre Kollegen aufbereiten und zusammenstellen müssen, gehen Sie dann nicht auch – Hand aufs Herz, es hört ja niemand mit! – konzentrierter in die einzelnen Veranstaltungen, schreiben etwas strukturierter mit und schauen sich vor allem Ihre Mitschriften tatsächlich wieder an?

Am meisten lernen diejenigen Mitarbeiter, die sich selbst in ein Thema einarbeiten. Aber noch mehr: Gibt es eine bessere Möglichkeit, seine Präsentationsfähigkeiten zu schulen und seine Kompetenz, komplexe Informationen adressatengerecht aufzubereiten und kompakt zu vermitteln, als sein Wissen an andere weiterzugeben? Sie sehen schon jetzt – das Vorgehen der internen Wissensmultiplikation ist ein echter „Quick-win" und es kostet vergleichsweise wenig. Wenn die Themen interessant gewählt sind, macht es allen Beteiligten Spaß und alle lernen etwas, das für ihr Tätigkeitsfeld oder die Rahmenbedingungen ihres Handelns relevant ist.

DURCHFÜHRUNG DER AKTIVITÄTEN

Hierzu zunächst eine Empfehlung: Weniger ist mehr! Erfahrungsgemäß ist es deutlich besser, kontinuierlich und in einem rotierenden System immer wieder einzelne Themen zu fokussieren, als plötzlich eine zeitintensive, riesige Aktion ins Leben zu rufen. Das schläft zu schnell wieder ein. Letztlich bleibt zur Durchführung der Aktivitäten gar nicht mehr sehr viel zu sagen, außer, dass man es einfach machen muss.

Einen Zusatzanreiz kann man übrigens dadurch schaffen, dass, wenn es das Thema erlaubt, der jeweilige Mitarbeiter die Möglichkeit erhält, seine Aufbereitung in einen kurzen Artikel münden zu lassen, der in einer Fachzeitschrift platziert werden kann. Dies bringt unter Umständen einen weiteren Motivationsschub.

Die nachfolgende Checkliste kann als Arbeitshilfe genutzt werden.

CHECKLISTE ZUR INTERNEN WISSENSMULTIPLIKATION	
Welches Thema wird für andere Mitarbeiter aufbereitet?	
In welcher Form wird das Thema präsentiert? Wie werden die Inhalte aufbereitet?	
Welche Informationsquellen können zur Vorbereitung genutzt werden?	
Welche Unterstützungsmöglichkeiten können weiterhin in Anspruch genommen werden?	
Was genau sollen die anderen Mitarbeiter erfahren oder lernen?	
Wie wird der Wissenstransfer sichergestellt?	

■ Argumentationshilfen

Im Grunde genommen ist der Nutzen und die Sinnhaftigkeit dieser Methode derart evident, dass das einzig lästige Thema wieder mal die Zeit ist. Je interessanter die Mitarbeiter die Themen finden, mit denen sie sich beschäftigen, desto weniger problematisch wird dieser Aspekt allerdings!

Hospitationen und Rotationen

Es ist eine Binsenweisheit, dass man nach zu langer Zeit in der gleichen Verantwortung und im identischen Funktionsbereich Gefahr läuft, „betriebsblind" zu werden. Je mehr Erfahrung man auf sich vereint, um so größer ist die Gefahr, dass man bei neuen Ideen ohnehin schon weiß, „dass das vermutlich so nicht funktionieren wird, weil man das ja bereits 1976 mal in ähnlicher Form ausprobiert hat". Nichts gegen Erfahrungswissen, es ist äußerst wertvoll, aber unter Entwicklungsgesichtspunkten ist es wichtig, immer wieder neue und andere Erfahrungen zu machen, um seine bisherigen zu reflektieren und zu erweitern. Die strukturierteste Möglichkeit, Erfahrungshorizonte der Mitarbeiter zu verbreitern, sind Hospitationen und Rotationen.

GEGENÜBERSTELLUNG: HOSPITATIONEN UND ROTATIONEN

Hospitationen

Bei Hospitationen werden einzelne Mitarbeiter zeitweise in anderen Abteilungen oder Funktionsbereichen eingesetzt und in für sie ansonsten untypische Tätigkeiten integriert.

Rotationen

Bei Rotationen übernehmen Mitarbeiter fest eine neue Position in einem anderen Wirkungsfeld. In der Regel spricht man nur bei vertikaler Versetzung von einer Rotation.

Die häufigste Anwendung finden Hospitationen im Rahmen von Traineeprogrammen. Hier ist es völlig selbstverständlich, dass man die

jungen Mitarbeiter nachfolgend mit den wichtigsten Unternehmensbereichen vertraut macht, und im Allgemeinen ist dies auch eine Art
interner Bewerbermarkt, bei dem sich nachher einzelne
Fachabteilungen um diejenigen Nachwuchskräfte bemühen, die dort
am besten gepasst haben und positiv in Erinnerung geblieben sind.
Hospitationen sind allerdings auch später noch ein sehr gutes
Instrument. Dies gilt insbesondere dann, wenn abteilungsübergreifendes
Verständnis gefördert und gleichzeitig die Flexibilität der Mitarbeiter
aufrechterhalten sowie ein „Einrosten" in einer bestimmten Position
verhindert werden soll. Gerade hierbei ist zu bedenken, dass
Hospitationen besonders für solche Mitarbeiter vorteilhaft und
motivierend sind, bei denen sich keine interne Neuplatzierung oder
kein Aufstieg abzeichnet. Für sie kann ein Monat in einer anderen
Abteilung neue Horizonte öffnen. Möglicherweise kann auf diese
Weise die Entwicklungsbereitschaft der Mitarbeiter wieder gefördert
werden, die sich eigentlich schon „darauf eingerichtet hatten", dass
beruflich nicht mehr viel passiert.

Wenn Sie Job-Rotationen als Personalentwicklungsinstrument – vor
allem im Hinblick auf die grundsätzlich unternehmensstrategische
Orientierung, die Ihre Entwicklungsbemühungen auszeichnet – nutzen
wollen, müssen Sie bei der internen Neuplatzierung eine neue,
vielleicht etwas ungewohntere Perspektive einnehmen. Normalerweise
werden Mitarbeiter intern neu platziert mit der Ausgangsfrage: „Wer ist
für diese Tätigkeit mit Bezug auf seine Voraussetzungen am besten
geeignet?". Diese Frage ist völlig legitim und normal, wenn man sie
unter dem typischen „Best-Match"-Gesichtspunkt betrachtet: Welcher
Mitarbeiter passt optimal zu einer bestimmten Funktion? Wenn man
Job-Rotationen aber als Personalentwicklungsinstrument im Hinblick
auf die Umsetzung der Unternehmensstrategie versteht, muss eher die
folgende Frage beantwortet werden: Welcher Leistungs- und
Potenzialträger wird in dieser neuen Funktion möglichst viel lernen
können und so in langfristiger Perspektive für die Umsetzung der
Unternehmensstrategie maximal nützlich sein? Dass gleichzeitig die
neue Aufgabe gut bewältigt werden muss, steht außer Frage, aber es ist
nicht mehr der ausschließliche Fokus.

Unter diesen Aspekten werden Hospitationen und Job-Rotationen zu hervorragenden Entwicklungsinstrumenten. Die strategische Ausrichtung der Personalentwicklung wird hierbei in hohem Maße deutlich, und gerade Job-Rotationen sind ein gutes Beispiel dafür, wie sich die strategische Orientierung der Personalentwicklung in operativen Maßnahmen niederschlägt.

■ Voraussetzungen für den Einsatz

Die wichtigste Voraussetzung dafür, Hospitationen und Job-Rotationen als sinnvolles Personalentwicklungsinstrument zu nutzen, liegt in der passenden Unternehmenskultur. Wenn sowohl Hospitationen als auch Job-Rotationen nur gelegentlich in fachfremde Funktionsbereiche erfolgen, womöglich noch verursacht durch ein bestimmtes Defizit – „Der soll sich mal ruhig vier Wochen anschauen, was Vertrieb wirklich heißt. Vielleicht geht er dann ein bisschen kundenorientierter mit seinen Ansprechpartnern um" – Werden solche Quereinsätze in gewissem Sinn als Strafversetzung oder Parkplatz erlebt. Der Wechsel über Funktionsbereiche hinweg und die zeitweise Mitarbeit in fachfremden Abteilungen muss strategisch gewollt und mit voller Rückendeckung „von oben" umgesetzt werden. Es muss deutlich transportiert werden, dass diese Quereinsätze die Mitarbeiter weiter qualifizieren, deren Erfahrungsschatz erhöhen und der mittel- und langfristigen Know-how-Multiplikation dienen.

Letztlich ist dies das zentrale Element einer „lernenden Organisation", ein zeitweise sehr beliebtes Schlagwort. Allerdings können nicht die Organisationen lernen, sondern nur Menschen. Aber durch eine Struktur, die in dieser Weise die Querverwendbarkeit von Mitarbeitern fördert, wird der Anspruch einer so genannten „lernenden Organisation" sicherlich maximal erfüllt, d. h., die Organisation ist darauf ausgerichtet, dass ihren Mitarbeitern durch ihre Funktion möglichst viele, für das Unternehmen in strategischer Hinsicht zweckdienliche Lernmöglichkeiten eröffnet werden.

■ Ablaufschritte und Methoden

Auch wenn Hospitationen und Rotationen im Prinzip auf der gleichen Grundidee beruhen, einer Erweiterung des beruflichen Erfahrungshorizontes, indem andere Funktionsbereiche kennengelernt werden, sind Hospitationen deutlich einfacher und kurzfristiger umzusetzen, da sie ja die Personalpolitik nicht so nachhaltig verändern. Insofern werden die folgenden Ablaufschritte voneinander getrennt.

ABLAUFSCHRITTE: HOSPITATIONEN

1. Bestimmung von interessanten Erfahrungsbereichen

2. Organisation einer sinnvollen Betreuung des Hospitanten

3. Durchführung und Auswertung

Bei Job-Rotationen ist das alles etwas aufwändiger:

ABLAUFSCHRITTE: JOB-ROTATIONEN

1. Für das Unternehmen wichtige Potenzialträger identifizieren

2. Mittelfristige Planung der zentralen Lernfelder

3. Durchführung und Auswertung

Zunächst aber zu den etwas einfacher zu organisierenden Hospitationen:

BESTIMMUNG VON INTERESSANTEN ERFAHRUNGSBEREICHEN

Diese Bestimmung ist von dem Funktionsbereich und der bisherigen Positionierung des jeweiligen Mitarbeiters abhängig. Vorgesetzte, die sich über mögliche sinnvolle Hospitationen ihrer Mitarbeiter Gedanken machen, können sich dabei von zwei Fragen leiten lassen:

- Bei Mitarbeitern, für die in mittelfristiger Zukunft keine interne Neuplatzierung angestrebt wird: Von welchen Erfahrungen im Unternehmen könnten die Mitarbeiter insofern profitieren, als dass sie ihnen ein tieferes Verständnis oder höhere Effektivität bei ihrer derzeitigen Tätigkeit erlauben?

- Bei Mitarbeitern, für die ein Neuplatzierung denkbar ist oder ein nächster Karriereschritt ansteht: Welche Erfahrungen werden den Mitarbeitern erlauben, sich noch erfolgreicher an die neue Aufgabe anzupassen und ihre neue Funktion noch effektiver auszufüllen?

Es lohnt sich, hier auch die Mitarbeiter selbst zu befragen. Meist haben sie besonders gute Ideen und ein gutes Gefühl dafür, in welchen Bereichen, und von welchen Personen sie noch interessante Dinge lernen können.

ORGANISATION EINER SINNVOLLEN BETREUUNG DER HOSPITANTEN

Eine Hospitation macht nur dann Sinn, wenn sichergestellt ist, dass sich in dem anderen Unternehmensbereich jemand um den entsandten Mitarbeiter kümmert. Die so genannte Cross-Hospitation ist die organisatorisch und unter Ansprechpartner-Gesichtspunkten meist erfolgreichste Form. Hier tauschen einfach zwei Mitarbeiter für einen bestimmten Zeitraum ihre Arbeitsplätze. Da beide Abteilungen profitieren, findet man meist leichter einen Ansprechpartner, der bereit ist, sich um die Betreuung zu kümmern. Außerdem können die beiden Mitarbeiter sich bei vielen operativen Fragen gegenseitig kontaktieren und relativ intensiv voneinander lernen. Denkbar ist beispielsweise folgende Hospitationsform: Wenn die Hospitation für zwei Monate geplant ist, können die beiden Mitarbeiter nacheinander jeweils 14 Tage die beiden verschiedenen Tätigkeiten gemeinsam ausfüllen, um dann für einen Monat ihre Funktion wirklich zu tauschen:

BEISPIEL FÜR EINE HOSPITATION		
Beide Mitarbeiter arbeiten gemeinsam in der Funktion von Mitarbeiter A	Beide Mitarbeiter arbeiten gemeinsam in der Funktion von Mitarbeiter B	Mitarbeiter A nimmt die Funktion von Mitarbeiter B wahr Mitarbeiter B nimmt die Funktion von Mitarbeiter A wahr

		(Gegenseitiger Telefon-support)
14 Tage	14 Tage	Ein Monat

Die Zeiträume sind natürlich beliebig verlängerbar.

Zusätzlich benötigt jeder Mitarbeiter einen unterstützenden Ansprech-partner in der neuen Abteilung im Sinne eines zeitlich befristeten Mentors.

DURCHFÜHRUNG UND AUSWERTUNG

Zur Durchführung gibt es eigentlich gar nicht mehr soviel zu sagen – man muss es halt einfach tun! Vieles ergibt sich dann ohnehin bei der Realisierung. Eine strukturierte Auswertung und ein Zusammentragen der Erfahrungen in einem Abschlussgespräch erscheint jedoch sinnvoll. Hierfür gibt es wieder einen Leitfaden.

LEITFADEN: LERNZIELVEREINBARUNG HOSPITATION & ROTATION

Mitarbeiter	
Vorgesetzter	
Zu besuchende Abteilung	
Zeitraum	

Auszuführende Tätigkeit	
Welche Lernerfahrungen werden für diesen Zeitraum vereinbart?	
Wie werden die Lernerfahrungen sichergestellt? Wer kontrolliert die Lernmöglichkeiten?	

Was gestaltet der Mitarbeiter in eigener Verantwortung?	
Welche Erwartungen haben Sie für die Hospitation/Rotation?	

LEITFADEN: LERNZIELKONTROLLE HOSPITATION & ROTATION

Mitarbeiter	
Vorgesetzter	
Besuchte Abteilung	
Zeitraum	

Ausgeführte Tätigkeit	
Welche Lernerfahrungen haben Sie in dieser Zeit gemacht?	
Welche Lernerfahrungen konnten Sie trotz der Vereinbarung nicht machen?	
Wo liegen die Gründe für die nicht gemachten Lernerfahrungen?	
Welche Änderungen ergeben sich für Ihre reguläre Tätigkeit aufgrund der gemachten Erfahrungen?	

Welche Optimierungsmöglichkeiten sehen Sie in der von Ihnen besuchten Abteilung? Konnten Sie diese Ideen kommunizieren?	
Welche Optimierungsmöglichkeiten sehen Sie für den Prozessablauf der Hospitation/Rotation?	
Wie wurde die Sinnhaftigkeit dieser Maßnahme erlebt?	
Empfehlen Sie diese Maßnahme auch anderen Kollegen und Mitarbeitern?	
Geben Sie bitte die Gründe für Ihre Empfehlung an.	

Noch ein Hinweis: Hospitationen müssen nicht auf das eigene Unternehmen beschränkt bleiben. Oftmals ist der Lerngewinn sogar größer, wenn es gelingt, ein kooperierendes Unternehmen, z. B. einen guten Kunden oder Lieferanten, für eine Zusammenarbeit im Rahmen solcher Hospitationen zu gewinnen. Hier lassen sich nochmals deutlich weiter gehende Erfahrungen sammeln.

Nun zu den Job-Rotationen. Dieses Instrument hat – in der Ausrichtung, in der wir es hier verstehen – viele Schnittstellen mit anderen Kapiteln dieses Buches. Insofern wird es eine Reihe von Querverweisen geben.

FÜR DAS UNTERNEHMEN WICHTIGE POTENZIALTRÄGER IDENTIFIZIEREN

Ein relativ schwieriges Problem bei der Planung systematischer Job-Rotationen zur Entwicklung der teilnehmenden Mitarbeiter liegt im Allgemeinen bei den jeweiligen Vorgesetzten. Diese sind nämlich meist nicht so begeistert, gerade die Personen zu verlieren, die ihre Tätigkeit besonders erfolgreich ausfüllen und sogar Potenzial für mehr haben.

Insofern funktionieren insbesondere bei einem derartigen Programm die beiden klassischen Wege des „Weglobens" von weniger hervorragenden Mitarbeitern und des „Deckelns" von guten Leuten immer noch recht gut. Menschlich ist völlig verständlich, dass viele Führungskräfte ihren Bereich gut in Schuss halten wollen, auch wenn ihnen der gesamtunternehmerische Nutzen von Job-Rotationen sicherlich klar ist. Aus diesem Grunde bietet sich, wenn man die Methode wirklich zielführend nutzen möchte, eine von den Vorgesetzten etwas unabhängigere Form der Potenzialeinschätzung an (siehe hierzu Kapitel „Welche Potenziale haben die Mitarbeiter?"). Sobald es positive Erfahrungen mit der Methode gibt und es einige erfolgreiche Umbesetzungen gegeben hat, realisieren die meisten Beteiligten, dass dem, der gibt, auch gegeben wird. Die Personalabteilung muss hier nicht nur auf die sinnvolle, sondern ebenso auf die „gerechte" Verteilung der Mitarbeiter ein Auge haben. Dann steigt im Allgemeinen die Bereitschaft aller Beteiligten, mit ehrlichem Engagement bei der Umsetzung mitzuwirken.

Eine etwas andere Ausgangssituation liegt dann vor, wenn grundsätzlich alle Mitarbeiter an bestimmten Rotationen teilnehmen. In dem Fall ist auf eine vorherige Potenzialanalyse verzichtbar. Darüber hinaus gibt es einen weiteren Vorteil: Durch das Feedback aus den verschiedenen Abteilungen und durch die „Nachfrage" dieser Abteilungen nach einzelnen Mitarbeitern hat man die Potenzialanalyse quasi „nebenbei miterledigt".

MITTELFRISTIGE PLANUNG DER ZENTRALEN LERNFELDER UND DES RAHMENKONZEPTES

Die übergeordneten Ziele der Job-Rotation liegen einerseits in der Steigerung der „Querverwendbarkeit" von Mitarbeitern, in der Erhaltung der beruflichen Flexibilität und in der Verbreitung der Erfahrungen. Dennoch bietet gerade die auf Strategieumsetzung ausgerichtete Personalentwicklungsplanung gute Hinweise, welche Formen von Qualifikationskombinationen für die Zukunft wichtig sind. Die konkrete Umsetzung empfiehlt sich wie folgt: Zur Förderung der gesamtunternehmerischen Perspektive und des individuellen unternehmerischen Denkens sind eindeutig diejenigen Bereiche, die im weitesten Sinne mit Vertrieb (zur Förderung einer vertrieblichen Grundhaltung) und mit Innovationen zu tun haben, immer günstige Lernfelder. In international tätigen Unternehmen sind die entsprechenden Auslandserfahrungen von besonderer Wichtigkeit.

Wenn die Methode der Job-Rotationen nicht punktuell, sondern als strategische Entwicklungsmethode eingebettet wird, muss ein übergeordnetes Rahmenkonzept diesem Instrument Form und Struktur geben.

Denn an diesem Punkt vollzieht sich sinnvollerweise die Verknüpfung mit Laufbahn- und Karriereplanungen.

ZU 3.: DURCHFÜHRUNG UND AUSWERTUNG

Zur Durchführung lassen sich lediglich wenige ganz allgemeingültige Hinweise geben – zuviel hängt von den teilweise erheblich unterschiedlichen Voraussetzungen und Ausgestaltungen in den jeweiligen Unternehmen ab. Einen Hinweis möchten wir dennoch geben: Man sollte die jeweils „rotierenden" Mitarbeiter durchaus hin und wieder zu einer – möglicherweise von einem Mentor oder internen Berater aus der Personalabteilung moderierten – Erfahrungsaustauschgruppe zusammenfassen. Es liegen große Chancen darin, die durch die Rotationen ohnehin entstehenden internen Netzwerke noch weiter auszubauen, indem die Teilnehmer von ihren Erfahrungen und Projekten berichten. Eine strukturierte Auswertung, in welcher Form die einzelnen Mitarbeiter profitiert haben, kann wiederum anhand der Checkliste „Lernzielkontrolle Hospitation und Rotation" erfolgen.

■ Argumentationshilfen

Das Kernproblem bei der Einführung von Hospitationen und systematischen Job-Rotationen besteht darin, dass zunächst einmal jeder unmittelbar von der Sinnhaftigkeit derartiger Maßnahmen überzeugt ist: *„Wir hätten das bei uns schon längst viel konsequenter umsetzen sollen"*, die Begeisterung aber oft abnimmt, wenn der eigene Bereich betroffen ist: *„In der augenblicklichen Situation kann ich wirklich auf keinen Mitarbeiter verzichten"*, *„Ich weiß nicht, ob ein Hospitant in unserer Abteilung wirklich so* *davon profitieren kann", „Es wird nicht so ganz einfach, ihn in der kurzen Zeit in unsere Abläufe einzubinden, das ist schon ziemlich komplex, was wir so machen", „Herr Meier zur Job-Rotation? Ich bin davon überzeugt, dass Herr Meier hier bei uns noch mindestens 1 – 2 Jahre sehr, sehr viel lernen kann ...".*

Erfahrungsgemäß sollte eine Einführung darum mit einem schlüssigen Konzept und gleichzeitig mit einem klar artikulierten Willen „von oben" beginnen. Eine Alternative besteht darin, im Kleinen anzufangen und erst in einigen Bereichen Pilotprojekte durchzuführen, die auf jeden Fall ein Erfolg werden müssen. Dann kann man auf die „Sogwirkung" vertrauen.

Die zentralen Argumente liegen vor allen Dingen in den folgenden Aspekten:

- Erhöhung des beruflichen Erfahrungshorizontes
- Erhöhung der individuellen Flexibilität
- Erhöhung der unternehmensinternen Flexibilität, um auch bei dünner Personaldecke nach plötzlichen Abgängen die Kompetenz im Unternehmen zu behalten
- Förderung eines gesamtunternehmerischen Verständnisses
- Konsequente Umsetzung der „lernenden Organisation" (in dem Sinne, dass die Menschen in der Organisation weiter lernen)
- Erhöhung der Attraktivität als Arbeitgeber für Mitarbeiter, die bezüglich ihrer Persönlichkeitsentwicklung stark motiviert sind

Jürgen ist sich sicher, dass er diesem Thema persönlich ein bisschen Schwung geben muss. Er nimmt sich vor, nicht direkt ein großes Konzept umzusetzen, sondern die Sache Schritt für Schritt „einzuschleichen" und mit Marketing und Vertrieb anzufangen. Die Mitarbeiter dort sind eigentlich alle offen und flexibel. Er beschließt, als ersten Schritt einzuführen, dass die jungen Marketing-Mitarbeiter zu Beginn grundsätzlich mindestens 6 Monate im Vertrieb arbeiten.

Projektarbeit

Jürgen erinnert sich ziemlich genau: „Setzen Sie sich hin, da vorne auf den Stuhl, und nehmen Sie sich einen Kaffee ohne Milch und Zucker", so hatte ihn der damalige Projektleiter an diesem Tag begrüßt. Jürgen hatte gerade eine

Bauchlandung in einem zentralen Projekt erlitten und wollte sich nun mannhaft die Kritik abholen. „Was haben Sie sich eigentlich DABEI gedacht?", grollte der Projektleiter. Jürgen hatte sich lange darauf vorbereitet, nun darzulegen, warum das alles ziemlich logisch war, was er da gemacht hatte, und was er sich dabei gedacht hatte, und er begann mit einem beherzten „Ich ...". „Das habe ich mir gedacht", sagte der Projektleiter und schüttelte den Kopf. „Mir war klar, dass Sie für alles eine Erklärung haben!" Jürgen war einen Augenblick lang irritiert und sagte nur „Äh?!" „Haben Sie sich Kaffee genommen?" Geistesabwesend goss Jürgen sich den Kaffee ein. Der Projektleiter stand auf und kam auf ihn zu. Jürgen verkrampfte ein wenig und wollte unwillkürlich seinen Arm vor die Augen halten, konnte diesen Reflex aber noch rasch abbremsen, so dass keine peinliche Situation entstand. Der Projektleiter legte seine Hand auf Jürgens Schulter. „Schätzen Sie mal, wieviel Geld wir gerade in Ihre Ausbildung investiert haben?" Jürgen musste ein ziemlich großes Fragezeichen auf der Stirn gehabt haben. Der Projektleiter lachte plötzlich. „Nun schauen Sie nicht so belämmert. Wir haben gerade 15.000,– € dafür ausgegeben, damit Sie verstehen, wie Projekte in Unternehmen funktionieren. Wir hätten das Geld auch gut anders gebrauchen können, aber es hat sich halt so ergeben!" Plötzlich spürte Jürgen einen freundschaftlichen Knuff in die Seite. „Nehmen Sie sich jetzt bitte mal eine Stunde Zeit, und überlegen Sie, was Sie in den letzten beiden Wochen alles gelernt haben, was warum schief gelaufen ist, und was wir verändern müssen. Dann kommen Sie heute abend wieder zu mir, und wir denken gemeinsam darüber nach, wie wir die Kuh vom Eis kriegen, okay?". Jürgen hörte ungläubig zu und nickte. „Na los, machen Sie sich dran!", sagte der Projektleiter lachend.

Projekte sind pragmatische Personalentwicklungsinstrumente par excellence. Ein besseres Praxislernen kann man sich kaum vorstellen. Es gibt keinerlei Transferprobleme. Das erworbene Wissen ist unmittelbar anwendungsrelevant. Man erwirbt nicht nur Wissen, sondern auch Erfahrung, z. B. über mikropolitische Netzwerke im Unternehmen. Projekte sind dazu einfach perfekt. Und die meisten Mitarbeiter lernen in Projekten, ohne dass es zu ähnlich schmerzhaften Erfahrungen kommt, wie Jürgen sie erleben musste. In jedem Unternehmen gibt es ausreichend Probleme und „Baustellen", die eigentlich zwingend einer Bearbeitung bedürfen, aber vielfach fehlt die Kapazität der direkt beteiligten Personen. Auf der anderen Seite gibt es meist genug Mitarbeiter, die gerne weitergehende Erfahrungen sammeln und ihre Problemlösungskompetenz verbessern möchten. Es ist wie bei einem Heiratsinstitut – man muss diese beiden Dinge nur zusammenbringen und darauf achten, dass sie sich gegenseitig mögen. Das ist das eine. Das andere ist natürlich wieder, den Mitarbeitern eine Fokussierung und Orientierung im Hinblick auf die Lernmöglichkeiten und -erfordernisse in dem Projekt zu geben. Also wird das getan, was eine pragmatische Personalentwicklung häufig auszeichnet: Es wird das als Entwicklungsinstrument genutzt, was ohnehin im Unternehmen passiert, indem man es in ein Lernsystem einbettet und die Lernerfahrungen systematisiert.

■ Voraussetzungen für den Einsatz

Wenn Sie Projekte als Personalentwicklungsinstrument nutzen, sollten Sie zwei Arten von Projekten unterscheiden. Bei dem ersten Projekttyp handelt es sich um solche Projekte, die zwar ein realitätsnahes Problem lösen, die aber tatsächlich vorrangig unter Personalentwicklungsgesichtspunkten betrachtet werden. Damit ist gemeint, dass die Unternehmen jene Projektform wählen, die eine Lernplattform schafft, obwohl sie unter Umständen die Chance hätten, das Problem leichter zu lösen. Derartige Projekte findet man häufig im Rahmen von Traineeprogrammen, Förderkreisen oder ähnlichen Nachwuchsprogrammen. Hier lässt man durchaus eine Gruppe von Nachwuchskräften gemeinsam ein Konzept schmieden und ausarbeiten, während ein Betreuer zur Seite steht. Die zweite Form von Projekten betrifft solche, in denen wirklich für das Unternehmen ganz zentrale und wichtige Felder bearbeitet werden. Diese Projekte werden maßgeblich durch erfahrene und hoch kompetente Mitarbeiter gesteuert, man ergänzt jedoch das Projektteam um einige junge Hoffnungsträger, damit diese durch die Zusammenarbeit von den anderen Projektmitgliedern lernen können. Beides sind gute und wichtige Ansätze. Damit diese Projektlernformen jedoch im Hinblick auf das Thema Personalentwicklung sinnvoll ausgeschöpft werden, empfiehlt es sich, folgende Nebenbedingungen zu beachten:

Bei der ersten Art von Projekten (junge Nachwuchskräfte bearbeiten gemeinsam ein Problem) sollten den Projektmitarbeitern zwei Ansprechpartner zur Verfügung stehen: Einerseits ein inhaltlicher Impulsgeber, der hier und da Ideen einstreut und – entweder als Berater oder als Projektmitglied – Unterstützung geben kann. Der zweite Ansprechpartner sollte ein Prozessbegleiter sein, der gegebenenfalls die Teambildung unterstützt, motiviert, Anstöße bei Kooperations- oder Planungsproblemen gibt und den Projektmitgliedern gegebenenfalls „als Türöffner" bei internen Ansprechpartnern dient. Das müssen nicht zwangsläufig zwei Personen sein. Diese Rollen können durchaus auch durch eine Person ausgefüllt werden. Im Folgenden wird diese Art von Projekten **Projekttyp 1** genannt.

Bei der zweiten Art von Projekten (ein gemischtes Team von erfahrenen und weniger erfahrenen Mitarbeitern bearbeitet ein zentrales Problem) ist der Lernerfolg am größten, wenn folgende Nebenbedingung berücksichtigt wird: Für die weniger erfahrenen Projektmitglieder sollten die durch das Projekt zu vermittelnden Lernerfahrungen definiert sein. Dies trägt dazu bei, dass sich die erfahrenen Projektmitglieder wieder als Multiplikator von Erfahrung und Wissen verstehen und die Projektkonstellation auch unter dieser Rahmenbedingung akzeptieren. Entsprechende Instrumente finden Sie im nächsten Abschnitt. Diese Art von Projekten wird fortan **Projekttyp 2** genannt.

■ Ablaufschritte und Methoden

Bei beiden Projekttypen ist der Ablauf im Prinzip identisch.

ABLAUFSCHRITTE PROJEKTARBEIT

1. Identifikation von Projektansatzpunkten im Unternehmen

2. Planung des Projektes unter Personalentwicklungsgesichtspunkten

3. Durchführung des Projektes

4. Auswertung und Feedback

IDENTIFIKATION VON PROJEKTANSATZPUNKTEN IM UNTERNEHMEN

Beim Projekttyp 2 erübrigt sich eine derartige Identifikation im Allgemeinen. Diese Form von Projekten ergibt sich meist aufgrund unternehmerischer Notwendigkeiten und unternehmerischen Gestaltungswillens (hier findet sich wieder der Zusammenhang mit der Unternehmensstrategie). Im Allgemeinen muss keine Identifikation der zu lösenden Probleme unter Personalentwicklungsgesichtspunkten stattfinden, denn die Probleme werden aufgrund anderer Überlegungen in Projekte überführt. Etwas anders verhält es sich mit dem Projekttyp 1. Hier lohnt es sich durchaus, über mögliche Projekte nachzudenken, die man tatsächlich mit dem Ziel initiiert, Lernplattformen für bestimmte Mitarbeitergruppen, z. B. Nachwuchskräfte zu schaffen. Als gedankliche Hilfe bei der Identifikation von Ansatzpunkten bieten sich die folgenden drei Bereiche an:

1. Vertrieb
2. Innovation
3. Prozessoptimierung

Auch wenn die Projekte vorrangig als Lernmöglichkeiten für Nachwuchskräfte geschaffen werden, müssen sie einen Wertschöpfungsbeitrag leisten. Alles andere wäre für die Projektmitglieder sehr demotivierend. Die drei oben genannten Ansatzpunkte bieten allerdings fast immer Wertschöpfungspotenzial. Projekte, die sich mit vertrieblichen Fragen, mit möglichen Innovationen (das müssen nicht zwingend Produktinnovationen sein, sondern können Service, Marketing oder andere Felder betreffen) oder Prozessoptimierungen beschäftigen, bieten oft die Chance, dass die Ergebnisse unternehmerisch verwertbar sind. Auch hier können Unternehmens- und Personalstrategie der Ideenfindung dienen. Schließlich sind diese drei Ansatzpunkte ja ganz entscheidende Ansatzpunkte zur Förderung einer unternehmerischen Grundhaltung, eines unternehmerischen Selbstverständnisses und gegebenenfalls zum Kennenlernen anderer Funktionsbereiche.

Jürgen hat schon eine Idee für ein schönes Projekt mit den Nachwuchskräften des Personalbereiches. Ein Thema wird derzeit für das Unternehmen immer zentraler: Die Gewinnung von leistungsfähigem Nachwuchs an Hochschulabsolventen. Die in vielen Unternehmen heiß geführte Diskussion um „High-

Potentials" zeigt, wie scharf der Wettbewerb um die besonderen Hoffnungsträger geworden ist. Gerade für mittelständische oder wenig bekannte Unternehmen ist es dadurch immer schwieriger geworden, die Top-Leute eines Uni-Jahrgangs anzusprechen. Jürgen nimmt sich vor, nun ein Projekt ins Leben rufen, in dem die Nachwuchskräfte seines Bereiches (ergänzt um einige andere Mitarbeiter aus den Fachabteilungen, in denen der Bedarf besonders hoch ist) ein Personal-marketing-Konzept für Hochschulen ausarbeiten, Vorschläge für Aktivitäten im Hochschulmarketing vorbereiten und später auch umsetzen. Er selbst wird bei diesem Projekt als inhaltlicher Impulsgeber zur Verfügung stehen. Die Tatsache, dass er selbst beteiligt ist, wird dem Projekt die notwendige Priorität geben, und Jürgen traut sich durchaus zu, einige sinnvolle Ideen beizusteuern. Als Prozess-begleiter hat er schon jemanden ausgeguckt: Er wird einen Abteilungsleiter aus dem Bereich Marketing bitten – der ist nicht nur sehr projekterfahren und jungen Menschen gegenüber aufgeschlossen und wohlwollend, sondern auch ein alter Fuchs, der die Leute schon auf die richtige Bahn der Zusammenarbeit und Zielorientierung einschwören wird. Außerdem kann er als Marketing-Profi ganz sicher einige gute Überlegungen beisteuern.

PLANUNG DES PROJEKTES UNTER PERSONALENTWICKLUNGS-GESICHTSPUNKTEN

Wenn das jeweilige Projekt unter Gesichtspunkten der Personalent-wicklung geplant wird, ist es von zentraler Bedeutung, im Vorfeld zu klären, welche Lernerfahrungen vermittelt werden sollen. Diese sind im Prinzip parallel zu den Projektzielen zu definieren. Geht es beispiels-weise darum, abteilungsübergreifende Schnittstellen zu optimieren, Sensibilität für die Probleme und Aufgaben anderer Abteilungen zu schaffen oder eine höhere Quereinsetzbarkeit der Mitarbeiter zu för-dern, ist es sinnvoll, die Mitarbeiter in Projekte anderer Unternehmens- oder Geschäftsbereiche zu integrieren. Wenn die Konsolidierung, Steigerung oder Anwendung bestimmter fachlicher Kompetenzen im Vordergrund steht, muss ein inhaltlich entsprechend herausforderndes Projekt gefunden werden. Wenn man eine Steigerung des gesamt-unternehmerischen Verständnisses anstrebt, so sollte das Projektteam möglichst interdisziplinär und mit hoher unternehmerischer Verant-wortung das entsprechende Problem bearbeiten. Diese Liste lässt sich beliebig erweitern.

In international operierenden Unternehmen sind länderübergreifende Projekte zweifelsohne die effektivste Möglichkeit, die interkulturelle Kompetenz und Sensibilität der Mitarbeiter zu fördern, um beispielsweise eine Auslandsentsendung vorzubereiten. Die Lernmöglichkeiten, die ein internationales Projekt bereithält, lassen sich in keinem noch so guten Training interkultureller Kompetenzen vermitteln, wenngleich ein derartiges Training natürlich eine sinnvolle Flankierung darstellt.

Der folgende Leitfaden hilft, die Personalentwicklungsaspekte eines Projektes für einen Mitarbeiter systematisch zusammenzufassen. Idealerweise wird dieser Leitfaden unter Einbeziehung des den Mitarbeiter in das Projekt entsendenden Vorgesetzten und des Projektleiters besprochen.

LEITFADEN: LERNZIELVEREINBARUNG PROJEKTARBEIT

Lernzielvereinbarung zwischen _____ und _____	
Welche Aufgaben werden von dem Mitarbeiter verantwortet?	
Welche Lernziele sollen durch die Bearbeitung dieser Aufgaben erreicht werden?	
Wie wird der Lernfortschritt während des Projekts sichergestellt?	
Welche Unterstützung erfährt der Projektmitarbeiter während der Projektarbeit?	
Wie lassen sich die Lernziele auf die tägliche Arbeit übertragen?	

DURCHFÜHRUNG DES PROJEKTES

Die Ausgestaltung der Durchführung hängt maßgeblich von der Art des Projektes ab. Ist der jeweilige Mitarbeiter beispielsweise über einen bestimmten Zeitraum hinweg ausschließlich für das Projekt tätig oder nur zeitweise, wie ist die Projektorganisation, auf welche Ressourcen kann im Unternehmen zurückgegriffen werden etc. Um allerdings den Fokus auf die Personalentwicklungsfunktion des Projektes nicht zu verlieren, kann diese kurze Checkliste zur Zwischenbesprechung genutzt werden (Besprechung mit dem Projektleiter).

LEITFADEN: ZWISCHENBESPRECHUNG VON PROJEKTEN

Mitarbeiter:

Welche Lernerfahrungen sind bislang gemacht worden?	
Welche Voraussetzungen für eine noch effektivere Projektarbeit fehlen möglicherweise noch?	
Welche nächsten Lernschritte sind vorgesehen?	
Welche Abweichung von der ursprünglichen Planung gibt es?	

AUSWERTUNG UND FEEDBACK

Um die Sache wirklich „rund" zu machen, sollten zum Abschluss des Projektes die Lernerfahrungen noch einmal strukturiert zusammengetragen und ausgewertet werden. Bislang haben wir allerdings hauptsächlich über diejenigen Erfahrungen gesprochen, die sich auf direkt durch das Projektthema vermittelte Erfahrungen bezogen. Es sollte jedoch eine weitere Auswertung mit anderem Schwerpunkt stattfinden: Projekte bieten darüber hinausgehend eine ideale Möglichkeit, Lernerfahrungen und Feedback für auf die in vielen Unternehmen beschworene Anforderungsdimension „Teamverhalten" bereitzustellen. Insofern lautet die Empfehlung, zum Abschluss eines Projektes auch ein strukturiertes Kollegenfeedback vorzusehen. Feedback erfolgt im Unternehmen – wenn überhaupt – zumeist durch den eigenen Vorgesetzten. Jedoch gerade beim Thema Kooperation sind Projektkollegen eine noch nützlichere Quelle für Feedback. Ein Projektabschluss mit einem gegenseitigen Feedback ist übrigens ein sehr guter Schlusspunkt. Unser Tipp: Feedback möglichst vor dem gemeinsamen Abschlussessen stattfinden lassen, damit man dort persönlich das eine oder andere wieder glattziehen kann, was im Feedback möglicherweise zu gewissen Empfindlichkeiten geführt hat. Die Form des Feedbacks hängt aber stark von dem gegenseitigen Vertrauen der Mitarbeiter ab. Am wenigsten problematisch sind immer bilaterale Gespräche – jeweils zwei Mitarbeiter, die in dem Projekt maßgebliche Schnittstellen gemeinsam hatten, sprechen miteinander. Eine andere Möglichkeit, das offene Feedback in der Gruppe, erfordert schon mehr Vertrauen und Kollegialität. Ein schriftliches Feedback ermöglicht eine sehr präzise Bewertung der verschiedenen Facetten der im Projekt gezeigten Leistung. Übrigens sollte der Projektleiter durchaus mit einbezogen werden – in beide Richtungen, als Feedbacknehmer und als Feedbackgeber.

Die folgenden Feedbackbögen für andere Projektmitarbeiter und den Projektleiter ermöglichen eine differenzierte Rückmeldung.

LEITFADEN: FEEDBACK DURCH DIE ANDEREN PROJEKTMITARBEITER

- Der Projektmitarbeiter plant die Bearbeitung von Aufgaben sinnvoll und setzt diese prioritätenorientiert um. ☐1 ☐2 ☐3 ☐4 ☐5

Notizen: _____

- Der Projektmitarbeiter vermeidet Konflikte nicht zu Gunsten eines unbefriedigenden Ergebnisses, sondern setzt sich mit dem Dissens auseinander. ☐1 ☐2 ☐3 ☐4 ☐5

Notizen: _____

- Der Projektmitarbeiter setzt sich intensiv mit
  Kollegen auseinander und bemüht sich bei In-
  teressenskonflikten um einen fairen Ausgleich. □1 □2 □3 □4 □5

Notizen: _____

- Der Projektmitarbeiter stellt sich auf unterschiedliche Gesprächspartner ein und versteht
  es, sich mit Fingerspitzengefühl auf unterschiedliche Situationen einzustellen. □1 □2 □3 □4 □5

Notizen: _____

- Der Projektmitarbeiter geht individuell auf
  die Kollegen ein und bemüht sich um die
  Schaffung eines wirklichen Teams. □1 □2 □3 □4 □5

Notizen: _____

- Der Projektmitarbeiter bietet Hilfestellung
  und Unterstützung an und gibt relevante
  Informationen zeitnah weiter. □1 □2 □3 □4 □5

Notizen: _____

- Der Projektmitarbeiter ist engagiert und arbeitet auf einem hohen Niveau, welches er
  kontinuierlich umsetzt. □1 □2 □3 □4 □5

Notizen: _____

- Der Projektmitarbeiter ist engagiert und arbeitet auf einem hohen Niveau, welches er
  kontinuierlich umsetzt. □1 □2 □3 □4 □5

Notizen: _____

- Der Projektmitarbeiter bleibt auch bei
  Problemen ruhig und ausgeglichen und behält □1 □2 □3 □4 □5

auch bei länger andauernder Belastung eine
hohe Leistungsfähigkeit.

Notizen: _____

■ Der Projektmitarbeiter strahlt Energie und
Agilität aus, die sich auf andere Projektmitarbeiter überträgt.   □1 □2 □3 □4 □5

Notizen: _____

■ Der Projektmitarbeiter nimmt Feedback und
Anregungen durch Projektmitarbeiter und
Projektleitung in Anspruch.   □1 □2 □3 □4 □5

Abschließende Bemerkungen: _____

_____

LEITFADEN: FEEDBACK DURCH PROJEKTLEITER

■ Der Projektmitarbeiter plant die Bearbeitung
von Aufgaben sinnvoll und setzt diese prioritätenorientiert um.   □1 □2 □3 □4 □5

Notizen: _____

■ Der Projektmitarbeiter analysiert Daten rasch
und erkennt Zusammenhänge. Er kann souve-
rän mit komplexen Sachverhalten umgehen. □1 □2 □3 □4 □5

Notizen: _____

■ Der Projektmitarbeiter zeigt sich in unterschiedlichen Situationen flexibel und passt
sich wechselnden Herausforderungen gut an. □1 □2 □3 □4 □5

Notizen: _____

- Der Projektmitarbeiter argumentiert sowohl stichhaltig als auch fundiert und reagiert gewandt auf Einwände und Gegenargumente. □1 □2 □3 □4 □5

Notizen: _____

- Der Projektmitarbeiter kann sich auf wechselnde Gesprächspartner rasch einstellen. □1 □2 □3 □4 □5

Notizen: _____

- Der Projektmitarbeiter bemüht sich um die Schaffung eines wirklichen Teams. □1 □2 □3 □4 □5

Notizen: _____

- Der Projektmitarbeiter bietet seine Hilfestellung und Unterstützung an. □1 □2 □3 □4 □5

Notizen: _____

- Der Projektmitarbeiter bearbeitet seine Aufgaben auf hohem inhaltlichen Niveau und engagiert sich stark für die Projektziele. □1 □2 □3 □4 □5

Notizen: _____

- Der Projektmitarbeiter zeigt auch in länger andauernden Phasen hoher Belastung eine gleichbleibend hohe Leistungsfähigkeit. □1 □2 □3 □4 □5

Notizen: _____

- Der Projektmitarbeiter strahlt Energie sowie Agilität aus und kann sich sowie andere Projektmitglieder begeistern. □1 □2 □3 □4 □5

Notizen: _____

▪ Der Projektmitarbeiter ist interessiert an Feedback und setzt Anregungen durch die Projektleitung und seine Kollegen um.   □1 □2 □3 □4 □5

Abschließende Bemerkungen: _____

_____

Nachdem nun Projektleiter und Projektkollegen Feedback gegeben haben, sollte Führungskraft und Mitarbeiter in einem abschließenden Gespräch die Lernerfahrungen aus dem Projekt diskutieren und festhalten.

LEITFADEN: LERNERFAHRUNGEN AUS DEM PROJEKT

Feedback zu den Lernerfahrungen des Projektes	
Welche zentralen Lernerfahrungen wurden gemacht?	
Wie haben sich – in der Einschätzung des Mitarbeiters – seine Kompetenzen verbreitert, welche Aufgaben traut er sich nun besser zu?	
Welche weiteren Lern- und Entwicklungsfelder sind durch das Projekt deutlich geworden?	
Persönliches Feedback	
Was hat in der Kooperation besonders gut geklappt?	
Was ist in der Kooperation noch verbesserbar?	

Wie wird die Teambildung im Projektteam beurteilt?	
Welche Stärken des Mitarbeiters wurden durch das Projekt deutlich?	
Welche Verbesserungsfelder des Mitarbeiters sind gefunden worden?	
Welche weiteren Hinweise zur persönlichen Weiterentwicklung möchte man dem Mitarbeiter auf den Weg geben?	

In einigen Unternehmen ist das gegenseitige Projektfeedback bereits stark in der Unternehmens- und Projektkultur verankert. In anderen Unternehmen findet es unter Ausschluss der jeweiligen Mitarbeiter weitestgehend hinter deren Rücken statt. Die Lernpotenziale sind aber groß, vor allem, wenn das Projektteam aus Mitarbeitern unterschiedlicher Fachbereiche und Disziplinen besteht. Gerade dann ist ein solches Projektfeedback oft die einzige Chance für einen Mitarbeiter zu erfahren, wie er auf Menschen wirkt, die gänzlich andere Tätigkeitsschwerpunkte, Probleme, Weltbilder haben.

■ Argumentationshilfen

Projekte als Personalentwicklungsinstrumente sind gewiss nicht die günstigsten (im Sinne von preiswert) Aktivitäten, die man zur Entwicklung eines Mitarbeiters vornehmen kann. Insbesondere vor dem Hintergrund der bei Projekttyp 1 nicht immer völlig effizient genutzten Arbeitszeit (Jürgen könnte seine Ideen zum Thema Personalmarketing bei Hochschulabsolventen sehr viel rascher und deutlich effektiver selbst formulieren, als es die Projektgruppe der Nachwuchskräfte können wird. Dort wird es erfahrungsgemäß eine ganze Reihe nicht unmittelbar ergebnisorientierter Diskussionen geben ...). Wenn man die

richtigen Projekttypen findet, ist die Argumentation für dieses Personal–
instrument allerdings nicht besonders schwierig, und zumeist wird man
die entsprechenden Ressourcen bekommen. Wenn das Projekt nämlich
selbst schon einen klaren Wertschöpfungsbeitrag liefert oder zumindest
unternehmerische Sinnhaftigkeit besitzt (was sich übrigens nicht von
allen Projekten behaupten lässt, die man so antrifft ...), dann ist das
Thema eigentlich schon durch. Die Personalentwicklung findet hier
praktisch „durch die Hintertür" statt. Projekte zur Personalentwicklung
sind generell intern sehr gut verkäuflich.

Bieten Sie den Mitarbeitern Perspektiven

„Was können Sie mir bieten?" Diese Frage klingt Jürgen noch im Ohr. Gestellt wurde sie von einem jungen, forsch auftretenden EDV-Spezialisten, mit dem Jürgen neulich zusammen mit dem EDV-Leiter ein Vorstellungsgespräch geführt hatte. Die Führungskraft war geradezu empört über dieses Verhalten und hatte es kategorisch abgelehnt, den qualifizierten Bewerber einzustellen, da dieser offensichtlich nicht in die Abteilungskultur passe. Auch Jürgen fand damals das forsche Auftreten des 28-Jährigen nicht der Situation angemessen. Im Gedächtnis geblieben ist sie ihm jedoch vor allem deshalb, weil er letztendlich keine zufrieden stellende Antwort hatte geben können. Die Frage bezog sich nicht auf das Gehalt, sondern auf die beruflichen Entwicklungsmöglichkeiten. Selbstverständlich hatte er dem Bewerber dargestellt, dass aufgrund der neuen Planungen zur Personalentwicklung umfassende und individuelle Qualifizierungsmöglichkeiten angeboten würden. Damit gab sich der Bewerber jedoch nicht zufrieden. „Das ist sicherlich sehr wichtig, aber ich meinte eigentlich: ‚Was kann ich bei Ihnen werden?'"

„Dieser Frage werden wir uns stellen müssen," schließt Jürgen, „Es reicht nicht, unsere Potenzialträger einfach nur zu qualifizieren, wir müssen ihnen Perspektiven aufzeigen. Nur so können wir gute Mitarbeiter langfristig binden und sie gezielt weiterentwickeln." Jürgen ist sich darüber bewusst, dass er damit einer großen Herausforderung gegenüber steht. Es gilt, die Wünsche der Mitarbeiter und die Ziele des Unternehmens in Einklang zu bringen, so dass von der „betrieblichen Aufstiegspolitik" eine motivierende Wirkung ausgeht. Die graue Realität sieht jedoch eher so aus: Wenn Stellen im Unternehmen frei werden, verfallen der Personalbereich und die verantwortlichen Führungskräfte in Hektik und betreiben entweder „Management by Corner", d. h. besetzen die Stelle mit demjenigen, der spontan geeignet erscheint, weil er „gerade um die Ecke kam", oder sie reißen an anderer Stelle Löcher auf, indem sie Leistungsträger kurzfristig aus ihrem bisherigen Umfeld wegbefördern.

Darüber hinaus ist Jürgen der festen Überzeugung, dass das Unternehmen viel zu häufig auf dem externen Arbeitsmarkt rekrutieren muss, da eigene Mitarbeiter nicht frühzeitig qualifiziert werden. Auf der anderen Seite scharren aus Jürgens Sicht gute Mitarbeiter mit den Hufen und warten darauf, eine neue Herausforderung annehmen zu können, werden jedoch mit ungewissen Aussagen vertröstet. Einige dieser guten Kräfte bringen ihre herausragenden Leistungen mittlerweile in andere Unternehmen ein. Jürgen seufzt: „Unser Ziel muss es doch sein, Mitarbeiter längerfristig auf zukünftige Aufgaben vorzubereiten, damit sie nicht ins kalte Wasser gestoßen werden. Darüber hinaus könnten gleichzeitig in ihrem Herkunftsbereich ihre baldigen Nachfolger eingearbeitet werden."

Bei dem Thema Nachfolge- und Karriereplanung gibt es offensichtlich zwei unterschiedliche Interessengruppen. Mit der Nachfolgeplanung verfolgt das Unternehmen das Ziel, Stellen – vor allem Schlüsselpositionen – rechtzeitig und anforderungsgerecht zu besetzen. Die Karriereplanung setzt hingegen bei den persönlichen Zielen der Mitarbeiter an. Der Unterschied besteht darin, dass die Nachfolgeplanung den Blick auf die Bedarfssituation des Unternehmens richtet, während die Karriereplanung direkt bei der Eignung und den Entwicklungsbedürfnissen der Mitarbeiter ansetzt. Diese Interessen gilt es in Einklang zu bringen. Es gibt demnach gute Gründe, eine optimal abgestimmte Nachfolge- und Karriereplanung zu realisieren:

- Deckung des zukünftigen Personalbedarfs
- Transparenz der Aufstiegspolitik
- Steigerung der Motivation und Leistungsbereitschaft
- Bindung der Mitarbeiter an das Unternehmen

Individuelle Nachfolgeplanung

Die Nachfolgeplanung ist je nach Größe des Unternehmens eine aufwändige Aufgabe, die jedoch Grundvoraussetzung für eine der Kernfunktionen der Personalarbeit ist: die mittel- und langfristige qualitativ und quantitativ optimale Besetzung von Stellen im Unternehmen. Die Nachfolgeplanung soll folgende Frage beantworten:

Welche Stellen werden wann vakant und sind mit wem zu besetzen?

Es gilt also, die in Zukunft frei werdenden Positionen im Unternehmen zu bestimmen und sie den vorhandenen Mitarbeiterpotenzialen gegenüberzustellen, um festzustellen, ob

- es im Unternehmen potenzielle Nachfolgekandidaten gibt,
- Qualifizierungsbedarf für vorhandene Mitarbeiter besteht, damit sie die Position übernehmen können,
- oder auf dem externen Arbeitsmarkt rekrutiert werden muss.

Immer wieder ist zu beobachten, dass gerade in mittelständischen Unternehmen lang verdiente Mitarbeiter quasi „unverhofft" in Pension gehen und eine Lücke an Know-how und Kompetenzen hinterlassen, die nicht rechtzeitig gefüllt werden kann. Ursache hierfür ist eine vernachlässigte Nachfolgeplanung, viel zu oft wird zu kurzfristig gehandelt. Aufgrund dessen wird diese Lücke häufig über den externen Arbeitsmarkt geschlossen. Zweifellos hat die Rekrutierung von Experten und Führungskräften vom externen Arbeitsmarkt auch Vorteile, da neue Impulse und neues Wissen eingebracht werden. In vielen Fällen ist dieser Vorteil jedoch nicht der Grund für eine Entscheidung zur externen Rekrutierung, sondern schlicht der Mangel an kurzfristig vorhandenen, internen Potenzialträgern. In diesem Falle überwiegen klar die Nachteile der externen Personalbeschaffung:

- Gefahr der Demotivation eigener Mitarbeiter, da Karriereperspektiven genommen werden: „Die interessanten Stellen werden ohnehin immer nur an Externe vergeben!".
- Höhere Unsicherheit in der Auswahlentscheidung, da zwangsläufig weniger Informationen über die Qualifikation externer Bewerber vorliegen. Eventuelle Fehlentscheidungen führen darüber hinaus zu einer noch schwerwiegenderen Demotivation der eigenen Mitarbeiter: „Das hätte jeder von uns besser gemacht, aber die eigenen Mitarbeiter werden ja nicht wertgeschätzt!".
- Hohe Kosten für externe Rekrutierungsmaßnahmen.
- Sinkende Chancen, qualifiziertes Personal auf dem in Zukunft immer engeren Arbeitsmarkt zu gewinnen.
- Kann als Indiz, dass die interne Personalentwicklungsarbeit ineffektiv ist, bewertet werden.

Der Aufwand einer mittelfristigen Nachfolgeplanung lohnt sich daher unbedingt – auch dann, wenn es hierbei zu der unternehmerisch begründeten Entscheidung kommt, dass eine Position extern besetzt werden soll. Diese Entscheidung sollte jedoch nicht aus der Not geboren sein!

Der folgende Leitfaden soll Ihnen helfen, Nachfolgeplanung im Unternehmen effizient und pragmatisch durchzuführen:

DIE SECHS SCHRITTE DER NACHFOLGEPLANUNG

1. Nachfolgeprinzipien formulieren
2. Schlüsselpositionen definieren
3. Anforderungsprofile festlegen
4. Potenzielle Nachfolger ermitteln und auswählen
5. Den Qualifizierungsbedarf ermitteln
6. Den Nachfolger vorbereiten

■ Nachfolgeprinzipien formulieren

Der erste Schritt in diesem Leitfaden wird leider oftmals vernachlässigt. Es handelt sich jedoch um eine zentrale Grundsatzfrage, die geklärt sein muss, bevor Nachfolgeplanung aktiv betrieben werden kann. Wenn Nachfolgeprinzipien formuliert werden, geht es noch nicht um die Definition von Anforderungen und Eingangsvoraussetzungen für bestimmte Positionen. Es geht vielmehr um generelle Wertvorstellungen des Unternehmens, die in Beförderungsentscheidungen zum Tragen kommen. So ist es z. B. unerlässlich, zu klären, ob interne Qualifizierung grundsätzlich Vorrang vor einer externen Besetzung hat. Vor allem, wenn langfristig geplant wird, macht ein solcher Grundsatz durchaus Sinn. Bei kurzfristigen Reaktionen kann das Prinzip der besten Qualifikation zu Gunsten externer Bewerber geltend gemacht werden. Es gilt zu definieren, unter welchen Voraussetzungen das Prinzip des Vorrechts interner Mitarbeiter mit welcher Priorität gelten soll.

Daneben gibt es zwei klassische Aufstiegsprinzipien, zwischen denen eine Entscheidung getroffen werden bzw. eine entsprechend eindeutige Kombination gefunden werden muss: das **Leistungsprinzip** und das **Senioritätsprinzip**. Lange Zeit galt unbestritten das Senioritätsprinzip, wenn es darum ging, Nachfolgeentscheidungen zu treffen. D. h. Nachfolger wurde derjenige, der schon am längsten als Mitarbeiter im Team gearbeitet hatte. Dieses Prinzip erleichterte die Auswahlentscheidung ungemein, es ist genau nachvollziehbar und somit eindeutig. Darüber hinaus machte es in den meisten Fällen Sinn, denn die langjährig verdienten Mitarbeiter verfügten über äußerst viel Erfahrung, die insbesondere in einem sich nicht so schnell verändernden Umfeld noch wesentlich stärker zählte. Es passte einfach auch zum bestehenden Wertesystem, in dem „Seniorität" eine völlig andere Rolle spielte als heute.

Mittlerweile ist das Senioritätsprinzip für viele Mitarbeiter nur noch bedingt akzeptabel, da allgemein „Leistung" und „Qualifikation" höher bewertet werden als „Unternehmenszugehörigkeit" oder „Abteilungszugehörigkeit". Das Argument „Ich bin jetzt einfach an der Reihe" ist immer schwerer zu kommunizieren und demotiviert vor allem viele jüngere Mitarbeiter. Die Kriterien für Gerechtigkeit im Unternehmen haben sich geändert. Darüber hinaus ist zweifelhaft, ob Seniorität die entscheidende Qualität ist für die erfolgreiche Erfüllung einer Position. Was nicht heißt, dass es nicht sinnvoll sein kann, in konkrete Anforderungsprofile die Erfahrung aus bestimmten Gebieten einfließen zu lassen.

Dennoch ist das Senioritätsprinzip in vielen, besonders in mittelständischen Unternehmen vorherrschend, in denen seit einigen Jahren in Einzelfällen der Nachfolgeentscheidung endlose Diskussionen geführt werden, ohne die Nachfolgeprinzipien einmal generell einvernehmlich zu bestimmen und somit den Konflikt auf den Punkt zu bringen. Gerade aus diesem Grund sollten eindeutige und verbindliche Prinzipien definiert werden, um Konflikte zu vermeiden und Entscheidungen nicht als willkürlich erscheinen zu lassen.

Eine weitere klare Vereinbarung über die Verbindlichkeit sollte im Zusammenhang mit der Nachfolgeplanung von Beginn an getroffen werden. Es hat sich als vorteilhaft erwiesen, die Nachfolgeplanung nicht als Stellengarantie zu betrachten, sondern sie lediglich als Möglichkeit oder Absicht darzustellen. Das Unternehmen beraubt sich sonst jeglicher Entscheidungsfreiheit und wird hinsichtlich unternehmerischer Veränderungen und Entwicklungen des Mitarbeiters unflexibel.

■ Schlüsselpositionen definieren

Aufgrund des hohen Aufwandes beschränkt man sich in der Nachfolgeplanung auf Schlüsselpositionen, d. h. vor allem auf Führungs- und zentrale Expertenpositionen. Im nächsten Schritt sollten daher die relevanten Positionen definiert werden, für die eine explizite mittel- und langfristige Nachfolgeplanung betrieben werden soll. Um diese Positionen, idealerweise zusammen mit der Geschäftsleitung, zu identifizieren, können Sie unter anderem folgende Kriterien nutzen und sie aus der Sicht Ihres Unternehmens gewichten:

IDENTIFIKATION VON SCHLÜSSELPOSITIONEN		
Kriterium	**Gewicht**	**Positionen**
Größe des Verantwortungs-bereiches	. . .	. . .
Relevanz im Sinne der Unter-nehmensstrategie	. . .	. . .
Rekrutierungschancen auf dem externen Arbeitsmarkt	. . .	. . .
Unternehmensspezifisches Spezialisten-Know-how	. . .	. . .
. . .	. . .	. . .

■ Anforderungsprofile festlegen

Wie im Kapitel „Anforderungen und Lernziele bestimmen" be-schrieben, sollten nun die Anforderungen an die Inhaber der Schlüssel-funktionen definiert werden, sofern dies nicht schon geschehen ist. Neben den Kompetenzen (Können) und Motiven (Wollen) ist es für Besetzungsentscheidungen wichtig zu überprüfen, ob „harte" Kriterien für bestimmte Positionen oder ganze Funktionsgruppen definiert werden sollten. Folgende Merkmale werden verwendet:

- Dauer der Unternehmenszugehörigkeit
- Seit welchem Zeitraum bekleidet der Kandidat die jetzige Position
- Alter; vor allem mit Bezug auf Altersobergrenzen aufgrund von wirtschaftlichen Überlegungen: „Wie lange können wir die Früchte der Qualifizierung des Mitarbeiters noch ernten?"
- Mobilität
- Auslandserfahrung
- Erfahrung in einem Tochterunternehmen bzw. der Zentrale
- Ergebnisse der Leistungsbewertungen innerhalb des Personalent-wicklungsgespräches über einen bestimmten Zeitraum

■ Potenzielle Nachfolger ermitteln und auswählen

Im folgenden Schritt findet ein Matching der künftig zur Disposition stehenden Schlüsselpositionen mit den Potenzialen und Karrierevor-stellungen der Mitarbeiter statt. Die Informationen hierzu erhalten Sie vor allem aus den Personalentwicklungsgesprächen und ergänzenden Potenzialeinschätzungen (vgl. Kapitel: „Welche Potenziale haben die Mitarbeiter?").

Wichtig ist hierbei, den Dominoeffekt der Nachfolgeplanung zu beachten. Wenn Sie glücklich einen Nachfolger ins Auge gefasst haben, haben Sie sich in vielen Fällen im gleichen Moment ein Problem geschaffen: Die alte Position des Nachfolgers muss neu besetzt werden. Je nachdem, ob der Nachfolger bereits jetzt eine Schlüsselposition innehat, beginnt der Suchprozess erneut. Eine wichtige Anforderung an die Nachfolgeplanung besteht daher darin, alle resultierenden Besetzungsproblematiken einzubeziehen.

Führungskräften wird häufig vorgeworfen, Potenzialträger nicht als solche zu kennzeichnen, da sie diese im eigenen Team behalten wollen. Diese Ambition ist durchaus verständlich, so lange nicht für adäquaten Ersatz gesorgt wird. Wenn Nachfolgeplanung jedoch richtig gelebt wird, ist genau das Gegenteil der Fall. Ihre zentralen Argumente für die Nachfolgeplanung sind gegenüber den Führungskräften also folgende:

In der Nachfolgeplanung wird eine **adäquate Besetzung der Lücke im Team** garantiert. Eventuell ist der neue Mitarbeiter (noch) nicht genauso qualifiziert wie der alte. Dieser wäre jedoch mittelfristig demotiviert gewesen und hätte eventuell sogar das Unternehmen verlassen.

Durch eine **frühzeitige Kommunikation** der Nachfolgeplanung gegenüber den betroffenen Führungskräften besteht die Möglichkeit, sich rechtzeitig auf das Weggehen des Mitarbeiters vorzubereiten, einen neuen Mitarbeiter einzuarbeiten etc. Es ist daher in diesem Zusammenhang wiederum ein entscheidendes Erfolgskriterium, die Führungskräfte einzubeziehen. Nachfolgeplanungen sollten gegenüber dem betroffenen Mitarbeiter und seiner Führungskraft so früh wie möglich kommuniziert werden. Häufig ist jedoch eine nicht nachvollziehbare, übervorsichtige Geheimhaltung der Nachfolgeplanung zu beobachten, die schließlich zu Gerüchten und Verunsicherung führt. Nachfolge- und Karriereplanung soll genau das Gegenteil erreichen: Transparenz über die internen Positionsbesetzungen.

■ Den Qualifizierungsbedarf ermitteln

Sind Anforderungen an die Schlüsselposition gemäß dem im Kapitel „Anforderungen und Lernziele bestimmen" vorgestellten Verfahren formuliert worden, so lässt sich im Abgleich mit den Kompetenzen und Motiven klar definieren, in welchen Bereichen noch Qualifizierungsbedarf besteht.

■ Den Nachfolger vorbereiten

Bei der konkreten Nachfolgeplanung ist es wichtig, dass viel Wert auf Qualifizierungsmöglichkeiten on-the-job gelegt wird. So ist es im Zeitraum von ca. einem halben Jahr vor Übergabe der Funktion von unschätzbarem Wert, wenn eine persönliche Einarbeitung durch den Vorgänger erfolgt. Diese sollte, wie im Kapitel „Toolbox für die erfolgreiche Personalentwicklung" beschrieben, systematisch und mit Hilfe schriftlich fixierter Ziele und Maßnahmen erfolgen. Damit geht die Qualifizierung on-the-job nicht – wie so oft – im Arbeitsalltag unter.

Diese Form der Übergabe klingt sehr vorbildlich. Uns ist jedoch bewusst, dass es gerade in dieser persönlichen Übergabe- und Vorbereitungszeit zu vielen Konflikten kommt. Sowohl alter als auch neuer Stelleninhaber tun sich häufig schwer damit, die Einstellungen und Herangehensweisen des anderen zu akzeptieren und gehen das eine oder andere Mal unsensibel vor.

Neben der Qualifizierung on-the-job empfehlen wir daher für diese Phase ein Coaching des zukünftigen Stelleninhabers oder beider Personen. Auch die Teilnahme an einem Seminar, speziell für die Zielgruppe „Nachfolger", kann in Betracht gezogen werden. Hier können zentrale Probleme, z. B. „Wie verhalte ich mich gegenüber ehemals gleichgestellten Kollegen?" reflektiert und Lösungen erarbeitet werden, da in vielen Fällen Nachfolger aus dem eigenen Team rekrutiert werden.

Nachfolgeplanung mit Hilfe von Pools

In den bisherigen Darstellungen und Empfehlungen sind wir von einem sehr statischen Unternehmensmodell ausgegangen, welches so in der Realität kaum zu finden ist. Auch Sie arbeiten sicher nicht in einem Unternehmen, in dem Mitarbeiter nur ausscheiden, wenn sie pensioniert werden – oder eine mindestens halbjährige Kündigungsfrist einhalten müssen, wodurch noch mindestens ein halbes Jahr zum Aufbau eines Nachfolgers zur Verfügung stünde. Darüber hinaus werden in Ihrer Personalplanung immer neue Stellen entstehen bzw. andere Stellen nicht mehr erscheinen. „Nachfolgeplanung" im engen Sinne greift daher viel zu kurz.

Um flexibler reagieren zu können, schaffen viele Unternehmen Förderpools mit unterschiedlichem Fokus bezüglich zukünftiger Positionsgruppen. In diesen Förderpools werden Potenzialträger des Unternehmens für zukünftige weiterführende Aufgaben qualifiziert, wobei im Gegensatz zu der bisher dargestellten Nachfolgeplanung keine eindeutige Stelle definiert ist. Dementsprechend ist die Qualifizierung innerhalb der Pools breiter angelegt. Bei diesem Modell werden Pools daher mit der Zielrichtung „Führungsposition", aber auch „Projektleitungsfunktion" etabliert. Auch in mittelständischen Unternehmen, in denen früher Einwände gegen die Einführung von Förderpools geäußert wurden („Wir sind zu klein dafür"), werden immer häufiger Pools für Potenzialträger, z. B. Führungsnachwuchskräfte, eingerichtet.

Die Vorgehensweise ist in den einzelnen Schritten durchaus mit der dargestellten Nachfolgeplanung vergleichbar. Aus unserer Erfahrung sind jedoch in den verschiedenen Phasen spezifische Sachverhalte zu beachten, zu denen wir Ihnen Empfehlungen geben möchten:

■ Nachfolgeprinzipien formulieren

Die Prinzipien der Nachfolgeplanung sind unabhängig davon zu treffen, ob die Förderung individuell oder im Rahmen von Förderpools abläuft. Schon vor der Entscheidung für die Form der Nachfolgeplanung müssen die Prinzipien formuliert werden. Ein besonderer Grundsatz ergibt sich dadurch, dass Pools geschaffen werden. Bei einer Besetzungsentscheidung werden immer zuerst die Mitarbeiter im relevanten Pool in Betracht gezogen. Allerdings sollte weiterhin die Möglichkeit bestehen, im Ausnahmefall Besetzungen mit Mitarbeitern vorzunehmen, die nicht zum Pool gehören. Ansonsten wäre das Vorgehen zu rigide und unflexibel und würde darüber hinaus die ohnehin sensible Frage der Aufnahmevoraussetzungen für den Pool verschärfen.

Erste Regel:
Lassen Sie weiterhin in Ausnahmefällen Besetzungen mit
Nicht-Pool-Mitgliedern zu!

■ Schlüsselpositionen definieren

Auch bei der Gestaltung von Fördergruppen oder Pools stellt sich die Frage nach relevanten Zielpositionen. Ein Klassiker in diesem Feld ist sicherlich das „Führungsnachwuchskräfteprogramm", das viele Unternehmen bereits realisiert haben. Warum ist gerade die Gruppe der Führungsnachwuchskräfte so geeignet für einen Pool? Hierfür gibt es folgende Gründe:

▪ Diese Zielgruppe hat ein vergleichbares Anforderungsprofil und einen ähnlichen und breiten, vor allem überfachlichen Qualifizierungsbedarf.

▪ Die Zielgruppe ist groß genug, so dass ein gemeinsames Programm durchgeführt werden kann.

Bei der Entscheidung für Zielpositionen oder Positionsgruppen von Pools steht demnach folgende Frage im Vordergrund: Gibt es eine ausreichend große Anzahl von potenziellen Nachfolgekandidaten, die einen vergleichbaren Qualifizierungsbedarf haben? Diese Frage ist selbstverständlich nicht nur davon abhängig, wie viele Potenzialträger im Unternehmen vorhanden sind, sondern vor allem davon, wie viele Stellen in absehbarer Zukunft in dieser Positionsgruppe zu besetzen sind. Daher ist es von zentraler Bedeutung, dass zunächst einmal der zukünftige Bedarf ermittelt wird. Erst dann kann der Pool etabliert werden. Nichts ist für Mitarbeiter demotivierender, als das Bewusstsein, für eine Position qualifiziert zu werden, die er mit ziemlich hoher Wahrscheinlichkeit nicht wahrnehmen wird. Dies heißt nicht, dass sie gleich eine verbindliche Zusage für die nach Beendigung des Förderprogramms einzunehmenden Stelle erhalten sollten. Dafür ist das Umfeld sicherlich nicht genügend konstant und kalkulierbar. Es muss jedoch eine reale Chance auf die zukünftig vorhandenen Stellen geben. Dies scheint offensichtlich zu sein. Die Erfahrung zeigt, dass diese Überlegungen häufig nur oberflächlich getroffen werden, so dass die ursprüngliche Absicht der Motivationssteigerung und Bindung der Potenzialträger ins Gegenteil umschlägt. Die Relation von drei Pool-Teilnehmern gegenüber zwei geplanten Stellen innerhalb der Zielpositionsgruppe sollte daher keinesfalls überschritten werden.

> **Zweite Regel:**
> **Orientieren Sie die Anzahl der Pool-Teilnehmer an der geplanten Anzahl der zu besetzenden Stellen!**

In größeren Unternehmen, in denen in verschiedensten Hierarchiestufen und Bereichen größerer Bedarf besteht, empfiehlt es sich, mehrere Pools zu etablieren. So schafft z. B. die Bereitstellung eines Pools für jede folgende Hierarchieebene durch die Kontinuität der Methodik eine positive Akzeptanz für die Vorgehensweise.

In kleineren Unternehmen kann es bei entsprechend kleineren Zielgruppen durchaus sinnvoll sein, einen Förderkreis zu etablieren, auch wenn hierin vermutlich Mitarbeiter mit unterschiedlichsten beruflichen Zielvorstellungen versammelt werden. Allerdings müssen dann die Qualifizierungsangebote viel individueller formuliert werden, obwohl hier Schnittpunkte und Gemeinsamkeiten bestehen können.

■ Anforderungsprofile festlegen

Bei der Formulierung von Anforderungsprofilen wird exakt so vorgegangen wie im Falle der individuellen Nachfolgeplanung. Auch hier werden Kompetenzen und Motive sowie „harte Faktoren" erfasst. Allerdings sind die Anforderungen nicht auf spezielle Positionen hin definiert, sondern umfassen Positionsgruppen bzw. deren gemeinsame Anforderungen. Hier können Sie gut Synergien nutzen!

■ Potenzielle Nachfolger ermitteln und auswählen

Die Anzahl der Pool-Mitglieder sollte die der zu besetzenden Stellen nicht deutlich übersteigen. Das wurde bereits festgestellt. Hieraus ergibt sich zwangsläufig, dass nicht nur eine Auswahl für die endgültige Besetzung einer Stelle, sondern bereits für die Aufnahme in den Pool erfolgen muss. Die Möglichkeiten zur Potenzialeinschätzung kennen Sie bereits aus dem Kapitel „Welche Potenziale haben die Mitarbeiter?". Zur Identifikation von Potenzialträgern für Förderprogramme eignet sich das Personalentwicklungsgespräch mit anschließender Förderrunde bzw. ein internes Entwicklungs-Assessment-Center sehr gut.

Wer aber darf an dem Assessment-Center teilnehmen? Jeder, der sich weiterentwickeln möchte oder diejenigen, die von ihren Führungskräften vorgeschlagen werden? Die Antwort ist selbstverständlich abhängig vom jeweiligen Unternehmen, vor allem aber von dem Vertrauensverhältnis zwischen Führungskräften und Mitarbeitern. Generell haben wir jedoch sehr gute Erfahrungen damit gesammelt, dass Mitarbeiter sich auch selbst zu einem internen Auswahlverfahren anmelden konnten. Auf diese Weise können Sie dem eventuellen Vorwurf von ungerechter, weil vom eigenen Vorgesetzten vereitelter Verteilung von Förderchancen entgehen.

> **Dritte Regel:**
> **Geben Sie den Mitarbeitern die Möglichkeit der Selbstbewerbung!**

Welche Potenzialeinschätzungs- und Auswahlschritte Sie wählen, hängt auch davon ab, wie das zahlenmäßige Verhältnis interner Bewerber zur gewünschten Pool-Mitgliederzahl ausfällt. Der Einsatz aufwändiger Auswahlverfahren macht immer dann keinen Sinn, wenn nur wenige „Bewerber" vorhanden sind. So ist zur Zeit ein internes Entwicklungs-Assessment für die spezielle Zielgruppe „EDV-Projektleiter" nur schwer vorstellbar. In der folgenden Abbildung sind verschiedene Auswahlschritte dargestellt, von denen Sie auch einzelne auswählen können:

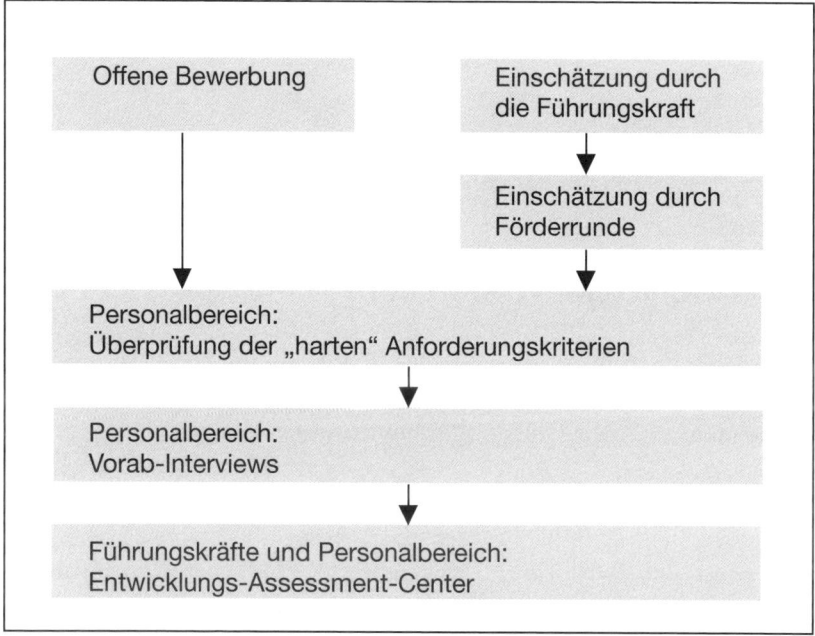

Abbildung: Auswahlstufen eines Förderpools

Die dargestellten „Auswahlstufen" müssen nicht zwangsläufig der Auswahlentscheidung dienen. So kann z. B. das Vorab-Interview mit der Personalabteilung oder das Assessment-Center lediglich dazu bestimmt sein, festzustellen, welche individuellen Qualifizierungserfordernisse die einzelnen Teilnehmer haben. Die eigentliche Auswahlentscheidung ist bereits zuvor getroffen worden.

■ Den Qualifizierungsbedarf ermitteln

Der Qualifizierungsbedarf leitet sich zum einen aus dem Anforderungsprofil der Zielpositionen-Gruppe ab. Darüber hinaus sind jedoch auch die individuellen Stärken und Verbesserungsfelder der Pool-Mitglieder zu berücksichtigen. Diese Informationen erhalten Sie als wichtiges „Nebenprodukt" aus den in der obigen Abbildung dargestellten Auswahlstufen. Unserer Erfahrung nach liefert das Entwicklungs-Assessment die differenziertesten Anhaltspunkte zum individuellen Qualifizierungsbedarf. Daher sollte auf dieses Verfahren auch dann nicht verzichtet werden, wenn die eigentliche Auswahlentscheidung bereits zu einem früheren Zeitpunkt getroffen worden ist.

Vierte Regel:
Ermitteln Sie den **individuellen** Entwicklungsbedarf!

■ Den Nachfolger vorbereiten

Auch das passiert: Nach allen Regeln der Kunst wird in der Auswahl und Vorbereitung des Pools der individuelle Entwicklungsbedarf einzelner Teilnehmer erhoben. Die Qualifizierung erfolgt dann jedoch nach dem Prinzip „Gießkanne". Andererseits gibt es Programme, in denen die Teilnehmer gar nicht realisieren, dass sie Mitglied eines Pools sind, aber individuell stark gefördert werden. Gerade auf den unteren Hierarchieebenen ist die gemeinsame Teilnahme an Qualifizierungsmaßnahmen wichtig. So können die Teilnehmer voneinander lernen, und nicht selten entwickeln sich in diesen Pools wertvolle Netzwerke, die später, gerade während der ersten Zeit in der neuen Position, sehr hilfreich sind.

Fünfte Regel:
Schaffen Sie eine gute Mischung aus individuellen und allgemeinen Fördermaßnahmen!

Eine weiteres Problem vieler Förderkreise ist die starke Konzentration auf Seminare. Damit werden die on-the-job-Maßnahmen vernachlässigt und die eigene Führungskraft wird wenig einbezogen, worunter letztendlich die Akzeptanz der Programme leidet.

Sechste Regel:
Schaffen Sie eine gute Mischung aus Maßnahmen on- und off-the-job!

Schließlich muss dann oft festgestellt werden, dass die Pool-Programme im entscheidenden Moment nicht unterstützen, nämlich dann, wenn die Übernahme der Position erfolgt. Da steht nun der rundherum geschulte Mitarbeiter und weiß nicht, wie er mit dem Vorgänger umgehen soll, wie er sich dem neuen Team vorstellen soll, und in den fachlichen Einzelheiten seiner neuen Tätigkeit ist er noch nicht firm. Ein gutes Förderprogramm bietet gerade zu diesem Zeitpunkt eine umfassende fachliche und überfachliche Unterstützung.

> **Siebte Regel:**
> **Planen Sie Maßnahmen zur unmittelbaren Vorbereitung auf die konkrete neue Stelle!**

Innerhalb dieser Empfehlungen sind nun viele verschiedene Realisierungswege möglich. Ein Beispiel ist in folgender Abbildung dargestellt.

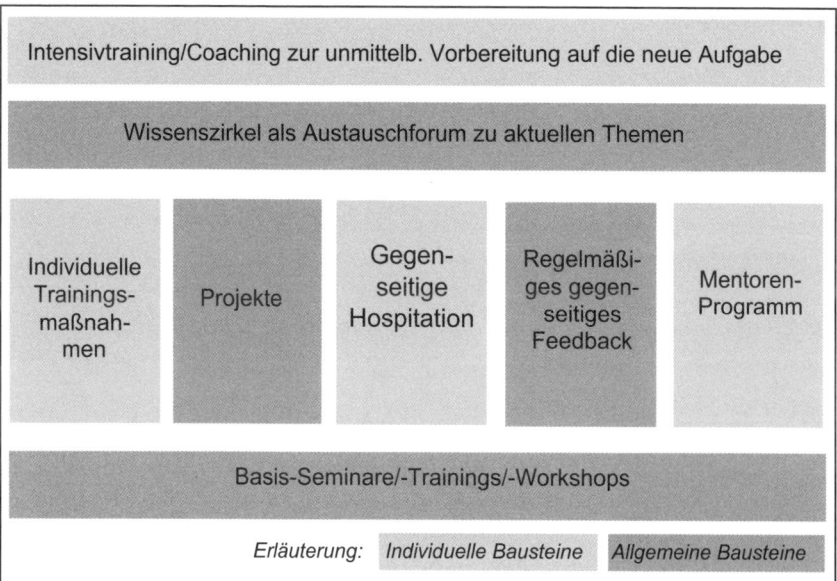

Abbildung: Einarbeitung des Nachfolgers

Laufbahnmodelle

Jürgen lässt bereits einige ihm bekannte Potenzialträger vor seinem geistigen Auge vorbeiziehen. Wie würden diese wohl auf das Angebot eines Förderprogrammes reagieren, und wie müsste man es ausgestalten? Grundsätzlich ist Jürgen überzeugt davon, dass ein Förderprogramm auf sehr positive Resonanz treffen wird. Viele Mitarbeiter im Unternehmen haben den Anspruch, in irgendeiner Weise beruflich „voranzukommen". Jürgen skizziert grob den Projektablauf für die Einführung eines Förderkreises, bleibt jedoch bereits bei der zweiten Regel – orientieren Sie die Anzahl der Pool-Teilnehmer an der geplanten Anzahl der zu besetzenden Stellen! – stehen. In der mittlerweile sehr flachen Hierarchie würden nur wenige Mitarbeiter in den Pool aufgenommen werden können, damit sie eine realistische Chance auf eine spätere Führungsposition erhielten. Somit würden gerade durch dieses Angebot viele Mitarbeiter demotiviert werden, die nicht aufgenommen werden könnten und daher endgültig keine Entwicklungsperspektive mehr sähen. Jürgen runzelt die Stirn: „Früher oder später werden sie ohnehin gehen, wenn deutlich wird, dass einfach wenig Aufstiegschancen vorhanden sind, da die meisten attraktiven Management-Positionen mit jungen Führungskräften besetzt sind."

Jürgens Entschluss steht fest: Es muss eine Alternative zur klassischen Management-Karriere geben – nicht nur aus Gründen der Motivation. Mit Unbehagen denkt er an einen hervorragenden Ingenieur aus der Forschung und Entwicklung zurück, der aufgrund seiner exquisiten Leistung als Spezialist und dem starken Wunsch, Karriere zu machen, zum Leiter der Forschung und Entwicklung ernannt wurde. Dieser Mitarbeiter hat mittlerweile „im beiderseitigen Einvernehmen" das Unternehmen verlassen. Man hatte aus einem sehr guten Spezialisten einen schlechten Manager gemacht – kein guter Tausch!

Der Ruf nach alternativen Laufbahnmodellen ist vor allem im Zuge der Verschlankung von Organisationsstrukturen laut geworden. Die Alternative besteht zumeist in der Einführung von Fachlaufbahnen, die jedoch nicht nur vor diesem Hintergrund attraktiv sind, sondern auch auf folgende aktuelle Problemstellungen Antworten liefern:

Für Experten, Spezialisten und gute Fachleute gibt es kaum attraktive Karrierewege. Wenn Karriere, dann Führung! Diese Regel hat in vielen Fällen dazu geführt, dass weder die Mitarbeiter noch die Führungskraft letztendlich sehr glücklich mit der Positionsbesetzung geworden sind.

Die Führungskraft ist in vielen Fällen nicht mehr der „beste Sachbearbeiter" bzw. Experte im Team. Häufig haben Mitarbeiter deutlich vertieftes Expertenwissen, das der eigene Vorgesetzte kaum noch einschätzen kann. Es entsteht somit ein neues Verständnis der Führungsrolle: Weg vom erfahrenen Experten und hin zu einem Organisator und Teammanager. Durch diese (teilweise) Ausgliederung des Expertenwissens sind schließlich auch vermehrt Positionen entstanden, die von hoch qualifizierten Mitarbeitern wahrgenommen werden, die häufig viel Verantwortung übernehmen, aber keine disziplinarische Führungsverantwortung haben.

Infolge dieser veränderten Situation haben viele Unternehmen Fachlaufbahnen eingeführt. Viele haben gute, viele aber auch negative Erfahrungen mit diesen neuen Laufbahnkonzepten gesammelt. Auf den folgenden Seiten finden Sie einen Vorschlag, wie Sie bei der Einführung von Laufbahnsystemen vorgehen können.

EINFÜHRUNG VON LAUFBAHNSYSTEMEN

Konzeption des Laufbahnsystems

1. Projektgruppe/Verantwortliche

2. Rangstufen

3. Typische Kriterien

4. Vergütung und Statussymbole

5. Organisatorische Einordnung

6. Wechselmöglichkeiten

7. Eingangsvoraussetzungen

8. Auswahlverfahren

Piloteinführung eines Laufbahnkonzeptes

9. Stellen einordnen

10. Personen einordnen

11. Ernennung

12. Verträge anpassen etc..

■ Projektgruppe/Verantwortliche

Zur Konzeption einer Fachlaufbahn sollte eine **Projektgruppe** ins Leben gerufen werden, die aus folgenden Beteiligten besteht:

- Fachspezialisten
- Manager der Fachabteilungen
- Experten der Personalabteilung
- Vertreter des Betriebsrates

Diese Mischung ermöglicht zum einen eine inhaltlich gute Arbeit, da sowohl das Know-how aus den Fachabteilungen als auch das Know-how zu Fachlaufbahnen sowie eventuellen Konsequenzen für andere Facetten der Personalarbeit vorhanden sind. Zum anderen wird wiederum durch die frühzeitige Einbeziehung aller Betroffener die Akzeptanz maximiert.

Aus diesem Team sollten schließlich Verantwortliche benannt werden, die zuständig für die weitere Pflege und Aktualisierung sind, nachdem das System eingeführt ist. Idealerweise handelt es sich hierbei wiederum um je einen Vertreter der Fach- und der Personalabteilung. Wie bei vielen anderen Systemen hängt der Erfolg eines Laufbahnkonzeptes sehr stark von der Aktualität sowie der Tatsache ab, dass Personen auch langfristig verantwortlich für dessen Qualität sind.

Bevor eine konkrete Projektgruppe gebildet werden kann, stellt sich die Frage, für welche Abteilungen Fachlaufbahnen überhaupt sinnvoll

sind. Das ist nicht abschließend zu beantworten, generell sind es diejenigen Abteilungen, in denen der Anteil hochqualifizierter Fachspezialisten sehr groß ist. So z. B. in der EDV-Abteilung, in der Forschung
und Entwicklung, aber auch in der Personalabteilung oder im Marketing. Eine weitere Alternative der „Fachlaufbahn" stellt die Projektleiter-laufbahn dar. Projekte gewinnen immer mehr Bedeutung in der
täglichen Arbeit der Unternehmen, und Projektleiter tragen immer
mehr Verantwortung. Um die Projektleiterlaufbahn zu rechtfertigen,
werden diese Funktionen zumeist mit Linienmanagern besetzt. Diese
haben indes nur selten ausreichend Zeit zur Verfügung, um die Aufgabe optimal zu erfüllen. Zudem fehlt es häufig an der entsprechenden
Projektleitungskompetenz. Die Projektleiterlaufbahn stellt daher neben
der Spezialisten- und der klassischen Management-Laufbahn einen interessanten dritten Weg der Karriere im Unternehmen dar, der jedoch
vor allem aufgrund der zeitlichen Begrenzung der Projekte besondere
Herausforderungen mit sich bringt. Auf diese wird weiter unten eingegangen.

■ Rangstufen

Im ersten Schritt der konzeptionellen Arbeit der Projektgruppe sollte
festgelegt werden, wie viele Rangstufen die Fachlaufbahn haben wird.
Hierzu kann es keine unternehmensübergreifende zahlengebundene
Empfehlung geben. Für die Ausgestaltung von Laufbahnsystemen gilt
generell, dass die Erfolgswahrscheinlichkeit um so höher ist, je größer
die Übereinstimmung mit der gegebenen – und selten zu ändernden –
Management-Laufbahn ist. Dieses Prinzip wird daher in diesem Abschnitt des Buches immer wieder erscheinen. Hier bedeutet es, dass die
Stufen einer Spezialisten- oder auch Projektleiter-Laufbahn parallel zu
denen der Management-Laufbahn aufgebaut sein sollten. Parallele
Stufen sollten daher eine identische Wertigkeit haben und entsprechend
ausgestaltet werden.

Die entscheidenden Fragen kreisen vor allem um die maximale Aus-
prägungsstufe der Fachlaufbahn. Soll es wirklich möglich sein, als
Spezialist eine Karrierestufe zu erreichen, die der eines Unterneh-
mensbereichsleiters entspricht? Rechnen Sie damit, dass spätestens,

wenn diese Fragestellungen diskutiert werden, auch kritische Stimmen aus dem Kreise der Manager laut werden, die Fachlaufbahnen in dieser Konsequenz plötzlich nicht mehr als sinnvoll erachten. Gehen Sie immer davon aus, dass Sie bestehende Positionen implizit abwerten, indem Sie andere aufwerten bzw. gleichsetzen! Je nach Bedeutung verschiedener Spezialisten- oder Projektleiterpositionen für das Unternehmen werden Laufbahnenkonzepte tatsächlich bereits bis unterhalb der Geschäftsführungsebene ausgearbeitet und etabliert.

Sowohl eine Fachlaufbahn für den Bereich Forschung und Entwicklung als auch eine Projektleiterlaufbahn erscheinen Jürgen sehr sinnvoll. Er fertigt eine erste Skizze an, in der er der jetzigen Management-Hierarchie die aus seiner Sicht vergleichbaren Parallel-Stufen der Fachlaufbahnen zuordnet.

PARALLEL-STUFEN: MANAGEMENT-HIERARCHIE/FACHLAUFBAHNEN

Management-Laufbahn	F&E-Laufbahn	Projektleiter-Laufbahn
Geschäftsführung		
Bereichsleiter		Leiter A-Projekte
Abteilungsleiter	Experte F&E	Leiter B-Projekte
Teamleiter	Spezialist F&E	Leiter C-Projekte

Jürgen hat bereits zwei „Experten" im Auge, deren Tätigkeitsfelder aus seiner Sicht durchaus mit denen von Abteilungsleitern gleichgestellt werden sollten. Bis zur Bereichsleiterebene sollte diese Laufbahn aus seiner Sicht nicht reichen. Bei den „Spezialisten" ist er sich etwas unsicher. Wer genau ist ein „Spezialist", wer ein normaler Sachbearbeiter? Zur Kategorisierung der Projekte im Unternehmen hat es bereits einige Überlegungen gegeben. Die Grenzen von A- zu B-Projekten sind ausgesprochen schwammig. Jürgen ist sich darüber im Klaren, dass er diese langwierige Diskussion noch einmal angehen muss.

■ Typische Kriterien

Nachdem nun prinzipiell die Entscheidung getroffen worden ist, über wie viele Stufen ein Laufbahnkonzept verfügen soll, gilt es, die einzelnen Stufen zu definieren. Jede eindeutige Definition mit notwendigen Kriterien wird jedoch daran scheitern, dass die einzelnen Positionen zu verschieden sind, es sei denn, sie bleibt so vage, dass sie im Grunde genommen nicht mehr hilfreich ist. Daher empfehlen wir, die verschiedenen Stufen der Fachlaufbahnen mit Hilfe für sie typischer Kriterien zu beschreiben. Es entsteht so ein Gesamtbild dieser Positionsgruppe, das hilfreich ist, wenn es darum geht, Funktionen und Stellen zuzuordnen, auch wenn diese nicht exakt *alle* Kriterien erfüllen. Es ist jedoch möglich, z. B. eine erforderliche Mindestanzahl von erfüllten Kriterien bzw. einzelne Soll-Kriterien zu definieren. Die folgende Matrix können Sie nutzen, um zusammen mit dem Projektteam relevante Kriterien für die Stufen auf Fachlaufbahnen zu bestimmen. Sie soll Ihnen Anregungen dafür liefern, welche Arten von Kriterien zur Differenzierung geeignet sind.

KRITERIEN FÜR STUFEN AUF FACHLAUFBAHNEN		
	Stufe	Stufe
Schwierigkeitsgrad der Aufgabe		
Führungsverantwortung		
Budgetverantwortung		
Kundenverantwortung		
Einfluss auf Unternehmensbereiche und den Unternehmenserfolg		

Wie könnten nun beispielsweise die typischen Kriterien für Jürgens Laufbahnkonzepte aussehen?

F&E-LAUFBAHN

	F&E- Experte	F&E-Spezialist
Schwierigkeitsgrad der Aufgabe	▪ Beratung innerhalb und außerhalb der eigenen Abteilung ▪ Mitarbeit in Projekten zur Einführung von Produktinnovationen ▪ Leitung größerer technischer Studien	▪ Beratung anderer Abteilungen ▪ Mitarbeit in Projekten zur Anpassung und Weiterentwicklung von Produkten ▪ Selbstständige Durchführung technischer Studien
Führungsverantwortung	Fachliche Führung von 2 Mitarbeitern	Keine Führungsverantwortung
Budgetverantwortung	300.000	100.000
Kundenverantwortung	-	-
Einfluss auf Unternehmensbereiche und den Unternehmenserfolg	Vorlagen zur Entscheidung im Rahmen von Innovationsprojekten	Vorlagen zur Entscheidung im Rahmen von Anpassungs- und Weiterentwicklungsprojekten

PROJEKTLEITERLAUFBAHN

	Leiter A-Projekte	Leiter B-Projekte	Leiter C-Projekte
Schwierigkeitsgrad der Aufgabe	Produktinnovationen Projektdauer: 3 Jahre	Weiterentwicklung von Produkten Projektdauer: 1,5 Jahre	Anpassung von Produkten hinsichtlich einzelner Features Projektdauer: 0,5 Jahre
Führungsverantwortung	40 Mitarbeiter	20 Mitarbeiter	10 Mitarbeiter

Budgetverant-wortung	5 Mio.	1,5 Mio.	500.000
Kundenverant-wortung	Top-Kunden Schnittstellenkoordination auf der Ebene Geschäftsleitung/ Steuerungskreis Akquise von Folgeprojekten	Großkunden Schnittstellenkoordination auf der Ebene Abteilungsleiter/ Projektleiter Akquise von Folgeprojekten	Kunden ohne Sonderstatus Schnittstellenkoordination auf der Ebene Teamleiter/ Teilprojektleiter
Einfluss auf Unternehmensbereiche und den Unternehmenserfolg	Direkter Einfluss auf das Unternehmensergebnis	Direkter Einfluss auf das Ergebnis des Unternehmensbereiches	Direkter Einfluss auf das Ergebnis der Abteilung

■ Vergütung und Statussymbole

Warum sind Laufbahnmodelle eigentlich für Mitarbeiter so interessant? Was reizt Mitarbeiter, Zeit und Mühe zu investieren, um Karriere zu machen? Es gibt sicherlich unzählige Motivatoren, die individuell eine Rolle spielen. Die Möglichkeit mehr zu verdienen stellt jedoch einen zentralen Anreiz dar, wenngleich viele auf die Frage nach ihrer Motivation sicherlich zunächst andere, sozial erwünschtere Antworten geben. Noch seltener nennen Mitarbeiter den Wunsch nach Status, was jedoch nicht zu der Annahme verleiten sollte, dass Status generell eine untergeordnete Rolle spielt. Letztendlich hat er mit Wertschätzung im Unternehmen zu tun und mit der Möglichkeit, gegenüber anderen zu zeigen, dass man besondere Leistungen erbringt – ein legitimer und zugleich zutiefst menschlicher Wunsch!

In den Unternehmen stellt die Parallelisierung der Vergütungsstrukturen von klassischen Management-Laufbahnen und Fachlaufbahnen meist keine größere Hürde dar. Bei den Statussymbolen scheint dies anders. Die Diskussionen um dieses Thema sind vor allem deshalb so schwierig, weil hier Privilegien einzelner Personen nun auch anderen

Mitarbeiterkreisen zugestanden werden sollen, was diese wiederum häufig als Herabsetzung ihrer eigenen Position erleben. Die Argumente dieser kritischen Diskussionspartner stellen sich selbst-verständlich viel rationaler dar. Wer gibt schon gerne zu, Privilegien nur für sich selbst in Anspruch nehmen zu wollen und auf Status Wert zu legen?

Unser Plädoyer gilt jedoch vor allem auch an dieser Stelle der identischen Behandlung gleichrangiger Laufbahnstufen. Die meisten Laufbahnmodelle sind gerade an dieser Stelle gescheitert. Da werden Spezialisten mit blumigen und gewichtigen Titeln versehen, erfahren allerdings bis auf Veränderungen in der Vergütung keine symbolische Wertschätzung und Gleichbehandlung. In einer Gesellschaft, in der beruflicher Erfolg bisher immer mit hierarchischem Aufstieg hinsicht-lich Führungsverantwortung gleichgesetzt worden ist, ist es ungemein schwer, Fachlaufbahnen als gleichwertig zu etablieren. Wenn bereits von Anfang an die Laufbahn so konzipiert wird, dass faktisch keine Gleichbehandlung vorhanden ist, werden die erhofften motivatorischen Effekte ausbleiben.

Daher ist es von zentraler Bedeutung, in dieser Phase der Laufbahn-Konzeption zu überprüfen, inwieweit folgende Ausstattungsmerkmale wirklich auf den einzelnen Stufen vergleichbar sind:

- Entgelt
- Titel
- Arbeitsmittel (Büroausstattung, Dienstwagen, Sekretariatsunterstüt-zung etc.)
- Privilegien (Arbeitszeitflexibilität, Freiräume für Publikationen, Teilnahme an Kongressen, Weiterbildungsmöglichkeiten etc.)
- Kompetenzen und Vollmachten

Gerade der letzte Punkt wird sehr häufig vernachlässigt, obwohl er von entscheidender Bedeutung ist. Den dritten wichtigen Karriere-Moti-vator haben wir bisher noch nicht aufgeführt: Die Erweiterung von Verantwortungsspielräumen. Es muss konsequent überprüft werden, welche Entscheidungen hochqualifizierte Experten im Unternehmen tatsächlich nicht treffen können und welche sie durchaus treffen sollten. Gerade in diesem Punkt zeigt sich, ob ein Unternehmen wirklich parallele Laufbahnen geschaffen hat oder einfach attraktive Titel für gute Leistung vergibt. Dass auf diesem Weg das Unternehmen an Flexibilität und Schnelligkeit gewinnt, liegt auf der Hand.

Ein Tipp am Rande: Wenn die Verantwortungsspielräume im Projektteam zusammen mit den Linienmanagern erarbeitet werden, hat es sich als sehr hilfreich erwiesen, nicht danach zu fragen, welche Entscheidungen der Experte treffen soll, sondern darzustellen, welche er *nicht* treffen soll. Dem einen oder anderen Kritiker sind hierbei schon die Argumente ausgegangen.

■ Organisatorische Einordnung

Im nächsten Schritt müssen die neu entstehenden Positionen in die hierarchische Struktur des Unternehmens eingefügt werden. Normalerweise bleiben hierbei die Spezialisten in ihrer Fachabteilung eingeordnet. Sie berichten idealerweise an die von ihrer Rangstufe aus gesehen nächsthöhere Management-Ebene. So wird wiederum parallel zur Management-Laufbahn vorgegangen, denn auch der Kollege, der die Management-Laufbahn eingeschlagen hat und sich auf der gleichen Rangstufe befindet, berichtet an diese Management-Ebene.

■ Wechselmöglichkeiten

Selbstverständlich hat auch die Fachlaufbahn einige Nachteile. Im Vordergrund steht dabei die sinkende Einsatzflexibilität der Experten, denn deren Spezialisierung und Ausrichtung auf ihr Experten-Know-how werden durch die Implementierung einer Fachlaufbahn unterstützt. Dieses Problem kann nicht vermieden werden. Allerdings sollte ein Fachlaufbahnkonzept explizit Wechselmöglichkeiten in die Management-Laufbahn und umgekehrt beinhalten, und Wechselwünsche sollten aktiv unterstützt werden. Aufgrund der inhaltlichen Nähe der Projektleiter- zur Management-Laufbahn sind die Wechselmöglichkeiten häufig sehr gut ausgeprägt. Leider ist zu beobachten, dass dies vor allem deshalb der Fall ist, weil die Projektleiter- gegenüber der Management-Laufbahn extrem verkürzt ist. Sie wird somit ausschließlich zur Vorbereitung auf die Management-Laufbahn genutzt. Dadurch verlieren diese Laufbahnkonzepte ihren Eigenwert und fungieren nur noch als Mittel zum Zweck.

■ Eingangsvoraussetzungen

Neben den typischen Kriterien zur Beschreibung von Rangstufen in einer Fachlaufbahn müssen nun auch Kriterien für die Inhaber dieser Rangstufen definiert werden. D. h., eine Anforderungsanalyse muss durchgeführt werden. Die Vorgehensweise ist bereits im Kapitel „Anforderungen und Lernziele bestimmen" geschildert worden.

Darüber hinaus soll die folgende Übersicht Hinweise geben, welche weiteren Indizien und Hard Facts zur Bestimmung von Experten herangezogen werden können:

ERFAHRUNG
* Ausbildung
* Bisherige Dauer der Tätigkeit
* Komplexität/Schwierigkeitsgrad der bisherigen Aufgaben

FACH-KNOW-HOW
* Erfolg in der Lösung der bisherigen Aufgaben
* Tiefe des Fachwissens
* Breite des Fachwissens
* Interne Reputation: Wahrnehmung einer internen Mentoren-/Beraterrolle
* Externe Reputation: Vorträge und Veröffentlichungen, wissenschaftliche Arbeiten

■ Auswahlverfahren

Neben der unerwünschten Einrichtung einer „Pseudo-Laufbahn", die nicht konsequent parallel zur Management-Laufbahn konzipiert ist, gibt es noch einen weiteren Faktor, der für das Scheitern eines Fachlaufbahnen-Projektes verantwortlich sein kann: die Inflation. Vor allem wenn „Fachlaufbahn" einfach mit der „Vergabe von Titeln" gleichgesetzt wird, wird mit diesen oftmals großzügig umgegangen. So wird jeder zweite Mitarbeiter nach und nach zum Experten, und das gesamte Konzept verliert seine Wirkung, denn nur was rar ist, ist auch wertvoll und drückt eine Wertschätzung aus. In einigen Unternehmen wurde die Fachlaufbahn als Abstellgleis für nicht erfolgreiche Manager genutzt. Der motivierende Charakter einer solchen Laufbahn ist sehr beschränkt.

Das Prozedere der Auswahl und Benennung von Experten stellt also einen entscheidenden Erfolgsfaktor dar. Hier geht man häufig andere Wege als in den dargestellten Potenzialeinschätzungsverfahren für Nachwuchsführungskräfte. Die Stärken des klassischen Assessment-Centers liegen vor allem in der Einschätzung von überfachlichen Kompetenzen. Selbstverständlich werden solche Kompetenzen in Anforderungsprofilen an Spezialisten enthalten sein (wirtschaftliches Handeln, Know-how-Transfer etc.). Der Schwerpunkt liegt jedoch darin, die Fachkompetenzen zu bestimmen. Das kann zuweilen aufgrund der dargestellten veränderten Führungsrolle auch der Führungskraft nicht immer zuverlässig gelingen.

Wir empfehlen, zur Benennung innerhalb des Fachlaufbahnenkonzeptes Fachgremien einzurichten, die eine Einschätzung, z. B. der oben aufgeführten Kriterien, vornehmen. Die Einschätzung des direkten Vorgesetzten sollte selbstverständlich mit einbezogen werden. Auch im Falle der Fachlaufbahn haben wir gute Erfahrungen damit gesammelt, Selbstnominierungen zu ermöglichen, die dann vom Fachgremium überprüft werden. Die Auswahl und Benennung durch übergeordnete Fachexperten unterstreicht darüber hinaus deren Bedeutung und Entscheidungskompetenz.

Zur Auswahl für Funktionen der Projektleiter-Laufbahn hingegen eignen sich Assessment-Center sehr gut, da wiederum die überfachlichen Kompetenzen im Vordergrund stehen. Selbstverständlich ist es hier möglich, wie bei der Spezialistenlaufbahn vorzugehen. So gibt es aussagefähige Hard Facts, wie z. B. bisherige Erfolge in Projekten einer bestimmten Größenordnung, an denen sich ein Gremium von erfahrenen Projektmanagern orientieren kann. Die Schwierigkeiten der Projektleiter-Laufbahn stecken vielmehr in der Frage „Was geschieht nach dem Ende eines Projektes?" Ein Experte bleibt ein Experte, ein

Projekt jedoch geht zwangsläufig einmal zu Ende. Bei der Benennung von Projektleiter-Funktionen sollte man daher, ähnlich wie bei der Auswahl von Nachwuchskräften, genau betrachten, wie viele Projektleiter der betroffenen Rangstufe in Zukunft benötigt werden. Ist ein Mitarbeiter zum Teilprojektleiter, Projektleiter, Projektmanager oder wie immer die Titel lauten mögen ernannt, so bleibt die Funktionseinordnung bestehen, auch wenn das Projekt beendet ist. Selbst wenn der Mitarbeiter für eine bestimmte Zeit wieder in eine Linienfunktion wechselt, bleibt er Projektleiter. Das heißt selbstverständlich, dass keine Herabstufung der Vergütung erfolgt. Nicht zuletzt deshalb sollte eine sorgfältige Auswahl erfolgen.

■ Piloteinführung eines Laufbahnkonzeptes

Bei der Einführung von Laufbahnmodellen empfiehlt es sich, zunächst einen Fachbereich zu wählen, um ein Pilotprojekt durchzuführen. Hier gilt es nun, vorab eine Einordnung der vorhandenen, von Spezialisten ausgefüllten Stellen den definierten typischen Kriterien gegenüberzustellen, so dass diese gemäß dem Laufbahnmodell bewertet werden können. Das sollte innerhalb der Projektgruppe, auf jeden Fall aber in Zusammenarbeit mit dem verantwortlichen Ressortleiter erfolgen.

Im nächsten Schritt werden einzelne Mitarbeiter gemäß den zuvor definierten Anforderungskriterien nach dem festgelegten Auswahl- und Benennungsprozedere ernannt. Wichtig ist hier, dass die Ernennung sehr transparent im Unternehmen kommuniziert wird. Auch durch eine Änderung des Organigramms sollte die Bedeutung der Funktion sowie der Status des Inhabers hervorgehoben werden.

Abschließend möchten wir noch einmal auf die zentralen Erfolgskriterien hinweisen:

ERFOLGSKRITERIEN FÜR DIE EINFÜHRUNG VON LAUFBAHNMODELLEN

1. Beziehen Sie von Anfang an Fachexperten, Linienmanager und den Betriebsrat ein!

2. Konzipieren Sie Fachlaufbahnen möglichst parallel zur Management-Laufbahn und statten Sie sie vergleichbar aus!

3. Gehen Sie bei der Ernennung konservativ vor und wählen Sie sorgfältig aus!

4. Vermeiden Sie die Nutzung von Fachlaufbahnen als Abstellgleis für erfolglose Manager!

5. Schaffen Sie Wechselmöglichkeiten in die anderen Laufbahnformen!

6. Kommunizieren Sie Ernennungen transparent, und machen Sie Status deutlich!

Was hat es gebracht? – Die Erfolgskontrolle

Feuerprobe: Jürgen hat seine bisherigen Entwürfe und Überlegungen im Kreis der Geschäftsführungskollegen präsentiert. Die Resonanz war zwar nicht ganz so euphorisch, wie er dies erwartet hatte, denn er selbst ist mittlerweile von seinen neuen Aufgaben begeistert. Dennoch, die Kollegen hatten einige Ansätze sehr begrüßt und zu den Details, die kritisch hinterfragt wurden, hatte er souverän Rede und Antwort stehen können. Überzeugt hatte die Kollegen schließlich ein Argument des kaufmännischen Geschäftsführers. In der ganzen Diskussion käme man doch auf diese Art und Weise nicht weiter. Man müsse doch aufhören, Meinungen auszutauschen und eine Zahlenbasis schaffen, aufgrund derer überprüft werden könne, ob Personalentwicklungsmaßnahmen wirklich zum Unternehmenserfolg beitragen und gegebenenfalls wie stark. Man müsse diese Investition eben wie alle anderen sehen: Es entstehen Kosten und es entstehe ein Nutzen, der normalerweise als Deckungsbeitrag ausgedrückt werde. „Lieber Kollege, was halten Sie von der Idee", richtete der Geschäftsführer die Frage an Jürgen, „wenn wir die ewigen Diskussion über den Sinn und Zweck von Personalentwicklung endgültig ad acta legen und Sie uns für die verschiedenen Maßnahmen jeweils die Bildungsrendite liefern."

Jürgen überlegte einen kurzen Moment, dachte an die üblichen Controlling-Kennziffern und ärgerte sich schließlich darüber, dass er nicht selbst auf diese Idee gekommen war. Schließlich beendete er die Diskussion mit der Zusage entsprechender Kennzahlen und verließ am Ende des Meetings eine zufriedene Kollegenrunde, aus der der eine oder andere noch mehrfach seine Zustimmung zu seinem neuen Konzept bekundete. Dennoch war ihm nicht ganz wohl mit seiner Zusage. Ob das alles so einfach zu berechnen sein würde, wie beim Kauf einer neuen Maschine...?

Was leistet das Personalentwicklungs-Controlling?

Selbstverständlich sind die Verantwortlichen für die Personalentwicklung dazu aufgefordert, Kennzahlen zur Verfügung zu stellen und die Kosten für Personalentwicklung zu controllen. Neben der Tatsache, dass normalerweise ein entsprechendes Bugdet für Personalentwicklung zur Verfügung steht und diesem die Ist-Kosten gegenübergestellt werden müssen, existieren weitere unzählige Kennzahlen, die von Personalabteilungen erstellt werden, um ihre Arbeit und ihren Erfolg zu dokumentieren. Teils aus eigenem Interesse, teils auf Anforderung der internen Auftraggeber. Der folgenden Tabelle können Sie Anregungen für Kennzahlen, vor allem für Personalentwicklungs-Programme und Maßnahmen off-the-job, entnehmen. Wir möchten dringend davor warnen, mit der Auswahl von Kennziffern zu starten. Die erste Überlegung muss sich damit beschäftigen, wofür die Daten benötigt werden, welche Handlungsrelevanz sie haben sollen.

KENNZAHLEN

Kosten	Schwerpunkte	Methoden	Teilnehmer
Gesamtkosten der Personalentwicklung	Anzahl der Veranstaltungen	Anteil externer und interner Dozenten	Anzahl der Teilnehmer an Personalentwicklungsmaßnahmen
Personalentwicklungskosten pro Mitarbeiter	Anzahl unterschiedlicher Inhalte	Anteil firmenspezifischer und offener Veranstaltungen	Anteil der Mitarbeiter, die nicht an Personalentwicklungsmaßnahmen teilnehmen
Personalentwicklungskosten pro Unternehmenseinheit	Zeitaufwand für Personalentwicklungsmaßnahmen (gesamt und einzelne)	Anteil von Programmen bzw. Einzelmaßnahmen	
Kostenanteil einzelner Personalentwicklungsmaßnahmen	Durchschnittliche Dauer einzelner Personalentwicklungsmaßnahmen	Anteil von on-the-job- und off-the-job-Maßnahmen	Anteil der Teilnehmer pro Unternehmenseinheit
Kostenvergleich verschiedener Personalentwicklungsmethoden		Anteil von Trainings und Seminaren	Anteil der Teilnehmer nach Funktionen/ Hierarchiestufen
Anteil der Personalentwicklungskosten an den gesamten Personalkosten		Durchschnittliche Anzahl der Teilnehmer pro Veranstaltung	Altersstruktur der Teilnehmer
			Durchschnittlicher zeitlicher Aufwand pro Teilnehmer

In internen Kundenbefragungen von Personalabteilungen stellen wir immer wieder fest, dass diese Daten – wie auch Personal-Controlling-Kennziffern generell – nur bedingt dem Informationsbedarf der internen Kunden entsprechen. Daher sollten, bevor ein Personalentwicklungs-Controlling neu etabliert wird, dringend die internen Auftraggeber und das Controlling befragt werden, welche Entscheidungen aufgrund der Daten getroffen werden sollen und welche Kennziffern somit relevant sind.

Viele der dargestellten Kennzahlen sind sehr interessant, um zu dokumentieren, wie die Personalabteilung in Sachen Personalentwicklung tätig ist, wie stark einzelne Unternehmensbereiche und Mitarbeitergruppen involviert sind und in welchen Bereichen höhere bzw. geringere Kosten entstehen. Jürgens Kollege würde sich hiermit nicht zufrieden geben. Es besteht häufig der nachvollziehbare Wunsch, nicht nur die Kostenseite, sondern auch die Nutzenseite zu quantifizieren und monetär auszudrücken, d. h. die Effizienz von Personalentwicklungsmaßnahmen zu bestimmen. In Heller und Pfennig ließe sich so darstellen, wie hoch die Investitionen für eine Personalentwicklungsmaßnahme waren und welche Einsparungen, Gewinne etc. durch sie erzielt worden sind. Dieser Wunsch wird nicht nur von Jürgens Kollegen vorgebracht, vielmehr wären die Mitarbeiter der Personalabteilung froh, wenn sie nun endlich den Beleg dafür in der Hand hätten, dass sich die Bemühungen wirklich „rechnen".

Genau diese Frage ist leider nicht zu beantworten. Sowohl unzählige Praktiker als auch viele Wissenschaftler haben sich mit der Frage der Effizienzbestimmung von Personalentwicklungsmaßnahmen auseinandergesetzt. Letztendlich scheitern sie an der Aufgabe, qualitative Ziele der Personalentwicklung nicht nur zu quantifizieren, sondern vor allem monetär auszudrücken. Häufig führt dieses Bestreben, um jeden Preis einen Betrag angeben zu wollen, zu einer Konzentration auf einzelne Facetten der Zielsetzungen von Personalentwicklung. Zwangsläufig werden dadurch Aspekte, die sich eben nicht monetär ausdrücken lassen, ausgeklammert. Da wird auch schon einmal die Effizienz von Personalentwicklungsmaßnahmen an der Verringerung der Fluktuation gemessen, denn die Kosten der Fluktuation lassen sich noch einigermaßen eindeutig bestimmen. Was ist aber mit den anderen Zielen der Personalentwicklung? Welchem monetären Wert entspricht die Tatsache, dass Ihre Fachkräfte stets über aktuelles Know-how verfügen oder Sie mittelfristig die Führungskultur im Hause ändern?

Der Anspruch, die Effizienz von Personalentwicklungsmaßnahmen bestimmen zu wollen, kann leider nicht erfüllt werden. Das heißt nicht, dass man das Personalentwicklungs-Controlling aufgeben oder sich auf rein deskriptive Daten, wie sie in der letzten Tabelle aufgeführt sind, beschränken muss. Vielmehr kann die Effektivität von Personalentwicklungsmaßnahmen sehr wohl bestimmt werden. Die Frage, ob sich Personalentwicklungsmaßnahmen monetär rechnen, wird nicht zu klären sein. Wohl aber, ob die Maßnahme effektiv, d. h. erfolgreich gewesen ist. Der Erfolg muss sich hierbei an klaren Zielsetzungen orientieren, die keinesfalls auf qualitativer Ebene bleiben müssen. Ein qualitatives Ziel, wie die Veränderung des Führungsverhaltens, kann durch ein quantitatives Messkriterium, wie z. B. eine Einschätzung durch die Mitarbeiter, durchaus konkretisiert werden. Trennen müssen Sie sich nur von dem Gedanken, diese Mitarbeitereinschätzung könnte nun noch in „Steigerung der Produktivität" und somit wieder in „Ertragssteigerung" umgerechnet werden.

Obwohl also Personalentwicklungsmaßnahmen, die im Unternehmen getätigt werden, nicht unmittelbar monetär bewertet werden können, kann eine klare Aussage dazu getroffen werden, ob die Maßnahmen effektiv waren, das heißt, ob sie das angestrebte Ziel erreicht haben.

So führen Sie es durch

Bitte erinnern Sie sich an den Anfang dieses Buches. Ausgangspunkt für die Anforderungsanalyse waren die Unternehmensziele. Dasselbe gilt für das Personalentwicklungs-Controlling. Obwohl der Beitrag der Personalentwicklung am Unternehmenserfolg nicht monetär bestimmt werden kann, ist unbestritten, dass die Personalentwicklung maßgeblich zum Erreichen der Unternehmensziele beiträgt.

SCHRITTE DES PERSONALENTWICKLUNGS-CONTROLLINGS

1. Unternehmensziele bestimmen

2. Den Entwicklungsbedarf analysieren

3. Die Ziele der Personalentwicklung ableiten

4. Personalentwicklungsmaßnahmen konzipieren

5. Individuelle Zielvereinbarungen

6. Personalentwicklungsmaßnahmen durchführen

7. Individuelle Bewertung des Erfolges

8. Allgemeine Bewertung des Erfolges

9. Optimierungsmaßnahmen

■ Unternehmensziele bestimmen und den Entwicklungsbedarf analysieren

Der Kreis schließt sich. Diese ersten beiden Schritte, die eine absolute Grundvoraussetzung für effektives Personalentwicklungs-Controlling darstellen, sind bereits in den Anfangskapiteln des Buches detailliert beschrieben worden. Nachdem die Unternehmensziele klar definiert sind, muss hinterfragt werden, welche Qualifikationen gefordert sind, um die Ziele zu erreichen. Anschließend müssen diese derzeit vorhandenen Qualifikationen den Anforderungen gegenübergestellt werden. Letztere können direkt, z. B. im Rahmen eines Workshops, aus den Unternehmenszielen abgeleitet werden. Es kann dabei durchaus der Fall sein, dass vor allem für bestimmte Mitarbeitergruppen neue Qualifikationen erforderlich sind. Angenommen, eines der Unternehmensziele besteht in starkem Umsatzwachstum, verbunden mit der allgemeinen Steigerung der Vertriebsorientierung, so werden vor allem auf die Mitarbeiter des Vertriebes hohe Anforderungen zukommen. Die vorhandenen Qualifikationen können aus den Ergebnissen der Instrumente der Potenzialeinschätzung entnommen werden. So sind die Energieversorger in den vergangen Jahren einheitlich zu dem Schluss gekommen, dass die zum großen Teil sehr auf Fachkompetenz konzentrierte Qualifikation ihrer Vertriebsmitarbeiter den neuen Erfordernissen einer stärkeren Vertriebsorientierung und verkäuferischen Kompetenz nicht mehr gerecht wird.

■ Die Ziele der Personalentwicklung ableiten

Wir stellen immer wieder fest, dass Personalabteilungen aus unterschiedlichen Gründen kritisiert werden, im gleichen Zuge aber keine klaren Ziele für die Personalarbeit festgelegt wurden, noch seltener für die Personalentwicklung. Um Erfolge und Misserfolge der Personalentwicklungsarbeit darstellen zu können, ist es absolut notwendig, klare Ziele, abgeleitet aus der Differenz zwischen Qualifikationsanforderungen und aktuellem Qualifikationsstand, zu definieren. Diese Ziele verbunden mit eindeutigen Messkriterien sind die Voraussetzung für ein effektives Personalentwicklungs-Controlling.

Bevor weitere Maßnahmen geplant oder gar umgesetzt werden können, ist es notwendig, mit den internen Auftraggebern der Personalabteilung die Ziele eindeutig zu klären und ein Commitment hinsichtlich des Messkriteriums zu treffen. Wird dieses Commitment nicht eingeholt, setzen Sie sich im Nachhinein unter Umständen langwierigen Diskussionen darüber aus, ob nun Assessment-Center-Ergebnisse tatsächlich eine Aussage darüber erlauben, ob die Führungskompetenzen der Führungskräfte des Hauses erweitert worden sind.

■ Personalentwicklungsmaßnahmen konzipieren

Ist der Entwicklungsbedarf identifiziert, muss er in entsprechende Maßnahmen, die im Kapitel „Toolbox für die erfolgreiche Personalentwicklung" detailliert beschrieben sind, umgesetzt werden. Zum Teil wird das bereits bestehende Angebot den Bedarf abdecken, allerdings wird es zum Teil notwendig sein, neue Schritte oder „Qualifizierungs-Offensiven" zu starten. Vorsicht ist vor einer zu starken Fokussierung auf aktuelle Entwicklungsziele geboten. Die kontinuierliche Personalentwicklungsarbeit wird durch spezielle Programme für einzelne Zielgruppen sowie das breitere Qualifizierungsangebot selbstverständlich fortgeführt. Dieses Programm sollte jedoch im Hinblick auf die Unternehmensziele immer wieder kritisch hinterfragt werden.

■ Individuelle Zielvereinbarungen

Personalentwicklungs-Controlling wird in vielen Unternehmen zunehmend als Aufgabe der Führungskraft und des Mitarbeiters selbst gesehen, deshalb beginnt an dieser Stelle ein zweiter Controlling-Prozess. Mitarbeiter und Führungskraft sind aufgefordert, Ziele für die Teilnahme an einer Personalentwicklungsmaßnahme sowie Kriterien für die Überprüfung der Zielerreichung zu definieren. Nur auf diese Art und Weise können Führungskraft und Mitarbeiter im Nachhinein beurteilen, ob die Maßnahme sinnvoll gewesen ist und welche weiteren Maßnahmen noch getroffen werden müssen. Im Kapitel „Toolbox für die erfolgreiche Personalentwicklung" sind mehrere Checklisten zur Vor- und Nachbereitung von Personalentwicklungsmaßnahmen aufgeführt. Vor allem der Gesprächsleitfaden für die Vor- und Nachbereitung von Seminar- und Trainingsmaßnahmen basiert genau auf dieser Überlegung.

■ Durchführung der Personalentwicklungsmaßnahmen und individuelle Bewertung des Erfolges

Je nach Dauer der Personalentwicklungsmaßnahme wird der Erfolg entweder erst nach oder bereits während der Durchführung bewertet. Aufgrund der getroffenen konkreten Zielvereinbarung können nun klare Einschätzungen über den bisherigen Erfolg abgegeben werden. Sie finden hierfür wiederum im Kapitel „Toolbox für die erfolgreiche Personalentwicklung" hilfreiche Checklisten und Gesprächsleitfäden.

■ Allgemeine Bewertung des Erfolges

Wie kann nun der Erfolg von Personalentwicklungsmaßnahmen im Hinblick auf die definierten Zielsetzungen bewertet werden? Welche Messkriterien und Messinstrumente eignen sich? Hier ist Kreativität gefragt. Leider ist es in vielen Fällen nicht möglich, einfach auf bestehende Daten des Controllings, des Personal-Controllings oder andere ohnehin vorhandene Kennziffern zurückzugreifen. Ziele, wie die Bindung von Mitarbeitern (Fluktuationsrate) oder die Verringerung der Krankheitsrate, für die man auf entsprechende Statistiken zurückgreifen könnte, sind selten relevant und stellen auch nicht unmittelbar personalentwicklungsspezifische Zielsetzungen dar. Das heißt, Personalentwicklungsmaßnahmen helfen sicherlich, die Mitarbeiter mehr an das Unternehmen zu binden und die Zufriedenheit zu steigern. Die primären Ziele der Personalentwicklung sind in den meisten Fällen andere. Darüber hinaus werden Fluktuation und Krankheitsrate durch unzählige weitere Größen sehr viel stärker beeinflusst als durch Personalentwicklungsmaßnahmen. In Einzelfällen, z. B. wenn die Fluktuation während der Probezeit durch ein Einarbeitungsprogramm reduziert wird, können diese Ziele und Messgrößen sinnvoll sein. Generell eignen sie sich nur bedingt, werden aber leider sehr häufig aufgrund der leichten Verfügbarkeit der Daten gewählt.

In vielen Fällen entsteht daher zusätzlicher Erhebungsaufwand. Diese Erhebungen erfolgen vor allem mit Hilfe folgender Methoden:

Befragungen von Mitarbeitern und Führungskräften z. B. bei folgenden Zielsetzungen: Steigerung der Motivation, Änderung von Einstellungen (interne/externe Kundenorientierung, Führungsstil, Kostenorientierung etc.) Erhöhung der Identifikation mit dem Unternehmen.

Beurteilungen (Mitarbeitergespräch, Führungsfeedback, Assessment-Center) z. B. bei folgenden Zielsetzungen: Kompetenzerweiterung, Verhaltensänderung (Führungsverhalten, verkäuferisches Verhalten, Verhalten im Team etc.), Erweiterung des potenziellen Einsatzgebietes von Mitarbeitern.

Prüfungen und Tests (z. B. Abschlussprüfungen) vor allem bei folgender Zielsetzung: Kompetenzerweiterung in fachlicher Hinsicht.

Darüber hinaus können jedoch auch weniger aufwändig zu erhebende Messgrößen relevant sein. So kann z. B. ein Ziel eines Führungskräftenachwuchsprogramms darin bestehen, Führungspositionen in Zukunft stärker mit internen Potenzialträgern zu besetzen und weniger Führungskräfte „vom Markt einzukaufen". Der Anteil der externen und internen Besetzungen ist leicht zu bestimmen. Bei allem Wunsch nach einer fundierten Erfolgs-Bewertung muss selbstverständlich stets der Aufwand für die Evalution dem entsprechenden Nutzen gegenübergestellt werden. Es besteht durchaus die Gefahr, dass dieser Aspekt in den Hintergrund gerät und das Controlling nicht mehr als Mittel zum Zweck, sondern als eigentliches Ziel betrachtet wird. Wir möchten daher an dieser Stelle für das Personalentwicklungs-Controlling zwei zentrale Regeln definieren:

Erste Regel:

Definieren Sie **vor** der Konzeption von
Personalentwicklungsmaßnahmen eindeutige Ziele
und Erfolgskriterien!

Zweite Regel:

Wählen Sie Erfolgskriterien, die nicht nur aussagekräftig,
sondern auch mit vertretbarem Aufwand zu erheben sind!

Neben der Überprüfung des Erfolges von Personalentwicklungsmaßnahmen, gehört noch ein zweiter wichtiger Bestandteil zum Personalentwicklungs-Controlling: die Prozess-Bewertung. Sie werden sich nicht damit zufrieden geben, im Anschluss an durchgeführte Maßnahmen und Programme nur überprüfen zu können, ob die Ziele erreicht wurden. Sie werden vielmehr Hinweise auf Optimierungsmöglichkeiten sowie eventuelle Gründe für nicht erfolgreiche Maßnahmen erfahren wollen. Darüber hinaus entwickeln viele Personalabteilungen Standards, die sie in Personalentwicklungsmaßnahmen verwirklicht sehen wollen, da sie erfahrungsgemäß großen Einfluss auf den Erfolg und die Akzeptanz der Maßnahme haben. Solche Standards können Trainern und Seminarleitern gegenüber kommuniziert (z. B. bevorzugte Lehrmethoden, Hilfsmittel zur Transfersicherung) und durch entsprechende Seminarbewertungsbögen kontrolliert werden. Auf den folgenden Seiten ist ein typischer Bewertungsbogen dargestellt, der als Beispiel genutzt werden kann. Er sollte jedoch wegen der unternehmensspezifischen Standards und Anforderungen an die konkreten Seminarmaßnahmen angepasst werden.

SEMINARFEEDBACKBOGEN

Titel der Veranstaltung: .... Datum: ....

Name (Angabe freiwillig): ....

Mit diesem Fragebogen helfen Sie uns unsere Veranstaltungen weiter zu verbessern, und wir möchten Sie bitten uns auf diesem Wege Ihr Feedback auszusprechen. Herzlichen Dank für Ihre aktive Mitwirkung bei der Seminarauswertung!

		--	-	0	+	++
Inhalt						
Know-how	Der Trainer besitzt fundiertes und tiefes Know-how zum Gegenstandsbereich der Veranstaltung.					
Inspirations-kraft	Die vermittelten Inhalte bieten mir neue Impulse und Sichtweisen.					
Relevanz	Die Inhalte der Veranstaltung sind auf meine realen Probleme und Entwicklungsbedarfe abgestimmt.					
Praxistaug-lichkeit	Eine Umsetzung der Lerninhalte in meine praktische Arbeit ist möglich und sinnvoll.					
Seminarver-sprechen	Das mit der Seminarankündigung oder dem Ablaufplan gegebene Versprechen über die Inhalte und Ziele wurde glaubwürdig eingelöst.					
Innovation	Die Seminarinhalte haben neuartige, kreative und innovative Ansätze vermittelt.					
Beziehung						
Kontakt	Der Trainer hat einen guten Kontakt zu den Teilnehmern aufgebaut und sich auf die Gruppe eingestellt.					

		--	-	0	+	++
Integration	Der Trainer hat die unterschiedlichen Teilnehmerinteressen und -persönlichkeiten integriert und sinnvoll berücksichtigt.					
Interaktion	Der Trainer hat sich intensiv mit den Teilnehmern und ihrer Situation auseinandergesetzt.					
Darstellung						
Verständlichkeit	Der Trainer hat verständlich und angemessen formuliert.					
Argumentation	Der Trainer ist argumentativ stark in der Darstellung der Inhalte und in der Diskussion mit den Teilnehmern.					
Präsentation	Der Trainer hat die Inhalte professionell und ansprechend präsentiert.					
Didaktik						
Lehrmethoden	Der Trainer hat die Lehrmethoden in sinnvoller Weise auf Inhalte und Lernziele der Veranstaltung abgestimmt.					
Dramaturgie	Der Aufbau und die Struktur der Veranstaltung sind überzeugend.					
Material						
Professionalität	Die Seminarunterlagen sind professionell und ansprechend aufbereitet und motivieren zur vertieften Beschäftigung mit ihnen.					
Nutzbarkeit	Die Seminarunterlagen unterstützen den Transfer des Gelernten in die Praxis und sind für die Anwendung der Inhalte nützlich.					
Rahmenbedingungen						
Seminarhotel	Die Ausstattung und die Räumlichkeiten des Seminarhotels sind angemessen.					
Service	Service und Tagungsbetreuung sind professionell.					

Anmerkungen/Anregungen: _____

_____

_____

_____

_____

_____

Standards für Maßnahmen on-the-job können z. B. in Form von Gesprächsleitfäden und Checklisten, wie sie im Kapitel „Toolbox für die erfolgreiche Personalentwicklung" dargestellt sind, etabliert werden. Wenn diese Instrumente der Personalabteilung zur Verfügung gestellt werden, ergibt sich hier hier die Möglichkeit den Prozess zu kontrollieren. Es ist hier eher eine Frage der vom einzelnen Unternehmen angestrebten Personalentwicklungs-Kultur und den entsprechenden Verantwortlichkeiten, ob die Personalabteilung den Prozess kontrollieren möchte oder nicht. Auch das zentrale erfolgsrelevante Prozesselement, die Transfersicherung, kann mit den dargestellten Tools mit Hilfe der Führungskräfte und Mitarbeiter vorangetrieben und – wenn Sie wollen – von der Personalabteilung überprüft werden. Der letzte Punkt ist mit sehr viel Fingerspitzengefühl zu handhaben, denn es soll der Eindruck vermieden werden, die einzelne Führungskraft oder der einzelne Mitarbeiter solle überprüft werden. Eine Anonymisierung der Unterlagen kann hier sinnvoll sein.

■ Optimierungsmaßnahmen

Letztlich ist das Ziel des Personalentwicklungs-Controllings, nicht nur Erfolge nachweisen zu können, sondern die Personalentwicklungsarbeit ständig weiterzuentwickeln und zu optimieren. Aus den in diesem Schritt bereits erhobenen Daten können wertvolle Informationen abgeleitet werden, um für den nächsten Durchgang oder für völlig neue Projekte Optimierungsmaßnahmen zu ergreifen. Wichtig ist hierbei, dass die Bewertung, gerade auf der Prozessebene, bereits sehr früh einsetzt. So können erste Fehlentwicklungen im Förderprogramm für Führungskräfte frühzeitig erkannt werden und der Trainer erhält nach dem ersten Durchgang seines Trainings Rückmeldung zu Verbesserungsmöglichkeiten für die nächsten Veranstaltungen.

Sollen die Mitarbeiter und Führungskräfte selbst, z. B. über die individuelle Zielvereinbarung und –kontrolle, in die Pflicht genommen werden, so empfehlen wir, ihnen nicht nur Checklisten, Gesprächsleitfäden und ähnliche Tools zur Verfügung zu stellen, sondern auch pragmatische Informationen aus dem Personalentwicklungs-Controlling:

- Empfehlungen zu Entwicklungsmaßnahmen für bestimmte Zielgruppen, bis hin zu empfohlenen Maßnahmenpaketen für jede der im Kapitel „Bieten Sie den Mitarbeitern Perspektiven" definierten Karrierestufen
- Beurteilungen von Seminaren und Trainings
- Ergebnisse der „allgemeinen Erfolgsbewertung"
- Hinweise zur Optimierung des Transfers
- Literaturhinweise zur Vertiefung

Idealerweise werden solche Informationen im Intranet hinterlegt, so dass interessierte Mitarbeiter und Führungskräfte jederzeit auf aktuelle Informationen zugreifen können.

„Der Kreis schließt sich", stellt Jürgen zufrieden fest, „jetzt fügen sich die Einzelüberlegungen, Maßnahmen und Instrumente in ein Gesamtbild." Jürgen ist sich sicher, dass er die Kollegen mit diesem Konzept auch ohne „Bildungsrendite" überzeugen kann, selbst wenn er noch die ein oder andere Diskussion vor sich hat. Jürgen blättert nochmals durch seine mittlerweile umfangreichen Notizen und erinnert sich zurück an seine ersten Überlegungen zum Thema Personalentwicklung. Damals hätte er nicht gedacht, wie viel Arbeit noch auf ihn zukommen würde. Er wird sicherlich nicht alles auf einmal angehen, sondern Prioritäten setzen, sehen, was im Unternehmen direkt auf Akzeptanz stoßen wird und wofür das Unternehmen noch nicht bereit ist. Nach und nach werden sich Fortschritte zeigen, die wohl auch von zwischenzeitlichen Tiefs unterlaufen werden. Eines ist jedoch sicher, schlechte Träume von Betriebsversammlungen wird er nicht mehr haben. Auf Fragen von Mitarbeitern muss er nicht mit Floskeln antworten, und das gibt ein gutes Gefühl für den Start seines Personalentwicklungskonzeptes.

Stichwortverzeichnis

Anhang

Im Folgenden sind die wichtigsten Leitfäden, Checklisten und Vereinbarungen aus diesem Band – rund um das Thema Personalentwicklung – zusammengestellt. Sie können die Seiten direkt ausfüllen, heraus- und mitnehmen (zuerst an der Perforierung knicken) oder auch kopieren – damit Sie sie immer wieder verwenden können.

Argumente zur Personalentwicklung

■ Pro-Argumente: für Geschäftsführung und Führungskräfte

◆ Die Umsetzung der Unternehmensstrategie wird durch Optimierung auf der Personalseite gefördert.

◆ Wir werden in Zukunft weniger Nachwuchskräfte vom Markt kaufen müssen, da wir mehr Positionen intern besetzen können.

◆ Wir werden stärker als bislang in der Lage sein, gute Mitarbeiter zu binden, da wir sowohl berufliche Perspektiven als auch Perspektiven im Hinblick auf die persönliche Entwicklung aufzeigen können.

◆ Je breiter die Kompetenzen unserer Mitarbeiter und Führungskräfte sind, um so besser und flexibler können wir uns auf Veränderungen einstellen.

◆ Die Führungskräfte können zunehmend anspruchsvollere Aufgaben delegieren und die dadurch freigewordenen Ressourcen für andere unternehmerische Aktivitäten nutzen.

■ Pro-Argumente: für Mitarbeiter und Betriebsrat

◆ Die Mitarbeiter erhalten die Chance, ihr persönliches Kompetenzportfolio zu verbreitern.

◆ Die Mitarbeiter erhalten die Möglichkeit, sich neuen (und vielleicht interessanteren) Aufgabenfeldern zu widmen.

◆ Die Mitarbeiter werden dabei unterstützt, die ständigen Veränderungen und damit verbundenen Herausforderungen erfolgreich zu bewältigen.

◆ Das Unternehmen investiert in die Mitarbeiter – ein klares Signal im Hinblick auf Wachstumsorientierung.

◆ Die Förderung der Mitarbeiter wird unabhängiger von direkten Vorgesetzten (bestimmt schlummern einige Potenziale, die der direkte Vorgesetzte nicht erkennt oder zu heben weiß).

◆ Die generelle Employability (d. h. das Erfolgspotenzial auf sich
verändernden Arbeitsmärkten) wird gesteigert.

Contra-Argumente der Geschäftsführung

◆ Personalentwicklung ist teuer.
◆ Für Personalentwicklung sind die direkten Vorgesetzten im
Rahmen ihrer eigenen Führungsverantwortung zuständig.
◆ Wenn das PE-Konzept bestimmte eindeutige Beurteilungen
der Mitarbeiter vorsieht, wird dadurch das Verhältnis von
Vorgesetzten und Mitarbeitern belastet.
◆ Die Erfolgskontrolle ist sehr unscharf und der Erfolg kaum wirk-
lich nachweisbar.
◆ Wenn wir Potenzialträger identifizieren und als solche dekla-
rieren, schaffen wir für uns ungünstige Erwartungshaltungen
hinsichtlich rascher Karriereschritte und Einkommensentwicklungen.

Contra-Argumente der Mitarbeiter und des Betriebsrates

◆ Personalentwicklungsmaßnahmen führen möglicherweise dazu, dass die Anforderungen an die Mitarbeiter steigen und der
Erwartungsdruck höher wird.
◆ Da das Rahmenkonzept einen Beurteilungsschritt vorsieht,
entsteht eine höhere Transparenz über Leistungsträger und
gegebenenfalls Minderleister. Dies könnte dazu führen, dass
der Druck auf die weniger leistungsfähigen Mitarbeiter steigt.
◆ Die Beurteilungen könnten – wenn sie zentral dokumentiert
werden – auch bei späteren Platzierungsentscheidungen
herangezogen werden und damit ihrem ursprünglichen Sinn
entfremdet werden.
◆ Mitarbeiter, die sich einfach nicht entwickeln möchten, geraten unter Druck.

■ Formular Seminarkurzkonzept

Titel der Veranstaltung	
Zielgruppe	
Seminarziele	
Seminarinhalte	
Methoden	
Dauer	

■ Checkliste zur Trainerauswahl

Trainings-/Seminarname	
Beschreibung des möglichen Trainers	
Name des Trainers	
Kontaktdaten	
Studien-/Berufsabschluss	
Alter	
Inhaltliche Schwerpunkte	
Trainingsphilosophie	
Trainingserfahrungen/ Referenzen	

Sind schon inhaltlich vergleichbare Veranstaltungen durchgeführt worden? Falls ja, bitte genaue Beschreibung.	
Skizzierung des vom Trainer vorgeschlagenen Veranstaltungskonzepts und des methodischen Vorgehens	
Mögliche Vorschläge bezüglich des zeitlichen und organisatorischen Ablaufs der Veranstaltung	
Gibt es Referenzkunden, die kontaktiert werden dürfen?	
Seitens des Trainers benötigte Informationen zur Durchführung des Trainings	
Bei externen Trainern: Möglichkeit der Mitwirkung eines internen Trainers	
Aufnahme in engere Auswahl	☐ Ja ☐ Nein
Trainer ausgewählt	☐ Ja ☐ Nein

■ Leitfaden zur Vorbereitung von Seminaren

Name des Mitarbeiters: **Name des Vorgesetzten:** **Titel der Veranstaltung:** **Datum:**	
Gespräch zur Vorbereitung eines Seminares (kurz vor der Veranstaltung)	**Raum für persönliche Notizen**
Welche Erwartungen hat der Mitarbeiter an das Seminar?	
Welche Erwartungen hat der Vorgesetzte des Mitarbeiters an das Seminar?	
Für welche ganz konkreten Praxisprobleme soll das Seminar Lösungsansätze vermitteln?	
Welche Ziele sollen mit dem Seminar erreicht werden?	
An welchen Kriterien soll die Zielerreichung gemessen werden?	

■ Leitfaden: Transfervereinbarung für Seminarinhalte (direkt nach dem Seminar)

Welche Lernerfahrungen aus dem Seminar werden in der Praxis umgesetzt?	
Wie und bei welchen Aufgaben werden diese Inhalte umgesetzt?	
Wer begleitet die Umsetzung der Inhalte?	
Woran werden wir in einem halben Jahr erkennen, dass das Seminar zu persönlichen Fortschritten geführt hat?	

■ Leitfaden: Transferkontrolle für Seminarinhalte (6 Monate nach dem Seminar)

Welche Inhalte aus dem Seminar wurden tatsächlich umgesetzt?	
Woran können wir den Entwicklungsfortschritt erkennen?	
Hat Sie dieses Seminar – rückblickend gesehen – tatsächlich weitergebracht?	
Welche Schwierigkeiten gab es bei der Umsetzung?	

■ Formular Seminar-Dokumentation

Titel der Veranstaltung: **Trainer:** **Name des Teilnehmers:**	
Das habe ich in der Veranstaltung gelernt:	
Diese Erwartungen konnte das Seminar nicht erfüllen:	
Ich empfehle eine Teilnahme, wenn...	
Ich rate von einer Teilnahme ab, wenn...	
Meines Erachtens ist das Seminar für folgende Personen am besten geeignet:	

■ Leitfaden: Vereinbarung über ein Mentorenprogramm

Mentor:

Neuer Mitarbeiter:

Vorgesetzter:

Ziele des Programms	vereinbarte Aktivitäten	Zeitplanung
Hinführung zur eigenständigen Bewältigung der Kernaufgaben Kernaufgabe 1 Kernaufgabe 2 Kernaufgabe 3		
Kennenlernen der wichtigsten unternehmensinternen oder -externen Gesprächspartner gemeinsam mit dem Mentor Ansprechpartner 1 Ansprechpartner 2 Ansprechpartner 3		
Sichere Nutzung der mit der Aufgabe verbundenen Instrumente und Systeme Instrument 1 Instrument 2 Instrument 3		

■ Leitfaden: Vereinbarung über eine Patenschaft

Pate:		
Mitarbeiter:		
Vorgesetzter:		
Ziele der Patenschaft	**vereinbarte Aktivitäten**	**Zeitplanung**
Erwerb von Wissen und Anwendungskompetenzen in den folgenden Bereichen: Bereich 1 Bereich 2 Bereich 3		
Fähigkeit zur selbstständiger Bearbeitung folgender Aufgaben: Aufgabe 1 Aufgabe 2 Aufgabe 3		

■ Leitfaden: Vereinbarung über einen Coaching-Prozess

Coach:	Mitarbeiter:
In welchen Situationen ergeben sich für den Mitarbeiter Schwierigkeiten? Welche Aufgaben könnten noch besser bewältigt werden?	Was ist das gewünschte Ergebnis? Wie sollte die Situation oder Aufgabe idealtypisch gelöst werden?
Situation 1:	
Situation 2:	
Situation 3:	
Situation 4:	

Worauf sind aus Sicht des Mitarbeiters und aus Sicht des Coaches die Schwierigkeiten zurückzuführen? Wie kommt es zu der Abweichung zwischen dem derzeitigen Vorgehen und dem eigentlich gewünschten?	Welche dieser Aspekte sind durch ein Coaching beeinflussbar? Was ist eher durch Rahmenbedingungen verursacht?
Situation 1:	
Situation 2:	
Situation 3:	
Situation 4:	
Handlungsalternativen, die der Mitarbeiter in Zukunft ausprobieren möchte	Empfehlungen durch den Coach
Situation 1:	

Situation 2:	
Situation 3:	
Situation 4:	
Gemeinsame Planung der Veränderungsschritte: Aktivitäten des Mitarbeiters	Gemeinsame Planung der Veränderungsschritte: Unterstützung durch den Coach
Situation 1:	
Situation 2:	
Situation 3:	
Situation 4:	
Konkrete Terminvereinbarung für die nächsten Schritte des Coaching-Prozesses	

■ Checkliste zur internen Wissensmultiplikation

Welches Thema wird für andere Mitarbeiter aufbereitet?	
In welcher Form wird das Thema präsentiert? Wie werden die Inhalte aufbereitet?	
Welche Informationsquellen können zur Vorbereitung genutzt werden?	
Welche Unterstützungs- möglichkeiten können weiterhin in Anspruch genommen werden?	
Was genau sollen die anderen Mitarbeiter erfahren oder lernen?	
Wie wird der Wissenstransfer sichergestellt?	

■ Leitfaden: Lernzielvereinbarung Hospitation & Rotation

Mitarbeiter	
Vorgesetzter	
Zu besuchende Abteilung	
Zeitraum	

Auszuführende Tätigkeit	
Welche Lernerfahrungen werden für diesen Zeitraum vereinbart?	
Wie werden die Lernerfahrungen sichergestellt? Wer kontrolliert die Lernmöglichkeiten?	
Was gestaltet der Mitarbeiter in eigener Verantwortung?	
Welche Erwartungen haben Sie für die Hospitation/Rotation?	

■ Leitfaden: Lernzielkontrolle Hospitation & Rotation

Mitarbeiter	
Vorgesetzter	
Besuchte Abteilung	
Zeitraum	

Ausgeführte Tätigkeit	
Welche Lernerfahrungen haben Sie in dieser Zeit gemacht?	
Welche Lernerfahrungen konnten Sie trotz der Vereinbarung nicht machen?	
Wo liegen die Gründe für die nicht gemachten Lernerfahrungen?	
Welche Änderungen ergeben sich für Ihre reguläre Tätigkeit aufgrund der gemachten Erfahrungen?	

Welche Optimierungsmög-lichkeiten sehen Sie in der von Ihnen besuchten Ab-teilung? Konnten Sie diese Ideen kommunizieren?	
Welche Optimierungsmög-lichkeiten sehen Sie für den Prozessablauf der Hospi-tation/Rotation?	
Wie wurde die Sinnhaftigkeit dieser Maßnahme erlebt?	
Empfehlen Sie diese Maß-nahme auch anderen Kollegen und Mitarbeitern?	
Geben Sie bitte die Gründe für Ihre Empfehlung an.	

■ Leitfaden: Lernzielvereinbarung Projektarbeit

Welche Aufgaben werden von dem Mitarbeiter verantwortet?	
Welche Lernziele sollen durch die Bearbeitung dieser Aufgaben erreicht werden?	
Wie wird der Lernfortschritt während des Projekts sichergestellt?	
Welche Unterstützung erfährt der Projektmitarbeiter während der Projektarbeit?	
Wie lassen sich die Lernziele auf die tägliche Arbeit übertragen?	

▪ Leitfaden: Zwischenbesprechung von Projekten

Mitarbeiter:	
Welche Lernerfahrungen sind bislang gemacht worden?	
Welche Voraussetzungen für eine noch effektivere Projektarbeit fehlen möglicherweise noch?	
Welche nächsten Lernschritte sind vorgesehen?	
Welche Abweichung von der ursprünglichen Planung gibt es?	

■ Leitfaden: Feedback durch die anderen Projektmitarbeiter

■ Der Projektmitarbeiter plant die Bearbeitung von
Aufgaben sinnvoll und setzt diese prioritätenorientiert um. □1 □2 □3 □4 □5

Notizen: _____

■ Der Projektmitarbeiter vermeidet Konflikte
nicht zu Gunsten eines unbefriedigenden Ergebnisses, sondern setzt sich mit dem Dissens
auseinander. □1 □2 □3 □4 □5

Notizen: _____

■ Der Projektmitarbeiter setzt sich intensiv mit
Kollegen auseinander und bemüht sich bei In-
teressenskonflikten um einen fairen Ausgleich. □1 □2 □3 □4 □5

Notizen: _____

■ Der Projektmitarbeiter stellt sich auf unterschiedliche Gesprächspartner ein und versteht es,
sich mit Fingerspitzengefühl auf unterschiedliche
Situationen einzustellen. □1 □2 □3 □4 □5

Notizen: _____

■ Der Projektmitarbeiter geht individuell auf die
Kollegen ein und bemüht sich um die Schaffung
eines wirklichen Teams. □1 □2 □3 □4 □5

Notizen: _____

■ Der Projektmitarbeiter bietet Hilfestellung
und Unterstützung an und gibt relevante
Informationen zeitnah weiter. □1 □2 □3 □4 □5

Notizen: _____

- Der Projektmitarbeiter ist engagiert und arbeitet
  auf einem hohen Niveau, welches er
  kontinuierlich umsetzt. □1 □2 □3 □4 □5

Notizen: _____

- Der Projektmitarbeiter ist engagiert und arbeitet
  auf einem hohen Niveau, welches er
  kontinuierlich umsetzt. □1 □2 □3 □4 □5

Notizen: _____

- Der Projektmitarbeiter bleibt auch bei Problemen ruhig und ausgeglichen und behält auch bei
  länger andauernder Belastung eine hohe
  Leistungsfähigkeit. □1 □2 □3 □4 □5

Notizen: _____

- Der Projektmitarbeiter strahlt Energie und
  Agilität aus, die sich auf andere Projektmitarbeiter überträgt. □1 □2 □3 □4 □5

Notizen: _____

- Der Projektmitarbeiter nimmt Feedback und
  Anregungen durch Projektmitarbeiter und
  Projektleitung in Anspruch. □1 □2 □3 □4 □5

Abschließende Bemerkungen: _____

_____

_____

_____

■ Leitfaden: Feedback durch Projektleiter

- Der Projektmitarbeiter plant die Bearbeitung von
  Aufgaben sinnvoll und setzt diese prioritätenorientiert um. □1 □2 □3 □4 □5

Notizen: _____

- Der Projektmitarbeiter analysiert Daten rasch und
  erkennt Zusammenhänge. Er kann souverän mit
  komplexen Sachverhalten umgehen. □1 □2 □3 □4 □5

Notizen: _____

- Der Projektmitarbeiter zeigt sich in unterschiedlichen Situationen flexibel und passt sich wechselnden Herausforderungen gut an. □1 □2 □3 □4 □5

Notizen: _____

- Der Projektmitarbeiter argumentiert sowohl
  stichhaltig als auch fundiert und reagiert gewandt
  auf Einwände und Gegenargumente. □1 □2 □3 □4 □5

Notizen: _____

- Der Projektmitarbeiter kann sich auf wechselnde
  Gesprächspartner rasch einstellen. □1 □2 □3 □4 □5

Notizen: _____

- Der Projektmitarbeiter bemüht sich um die
  Schaffung eines wirklichen Teams. □1 □2 □3 □4 □5

Notizen: _____

- Der Projektmitarbeiter bietet seine Hilfestellung
  und Unterstützung an.   □1 □2 □3 □4 □5

Notizen: _____

- Der Projektmitarbeiter bearbeitet seine Aufgaben
  auf hohem inhaltlichen Niveau und engagiert
  sich stark für die Projektziele.   □1 □2 □3 □4 □5

Notizen: _____

- Der Projektmitarbeiter zeigt auch in länger
  andauernden Phasen hoher Belastung eine
  gleichbleibend hohe Leistungsfähigkeit.   □1 □2 □3 □4 □5

Notizen: _____

- Der Projektmitarbeiter strahlt Energie sowie
  Agilität aus und kann sich sowie andere
  Projektmitglieder begeistern.   □1 □2 □3 □4 □5

Notizen: _____

- Der Projektmitarbeiter ist interessiert an
  Feedback und setzt Anregungen durch die
  Projektleitung und seine Kollegen um.   □1 □2 □3 □4 □5

Abschließende Bemerkungen: _____

_____

_____

_____

_____

_____

■ Leitfaden: Lernerfahrungen aus dem Projekt

Feedback zu den Lernerfahrungen des Projektes	
Welche zentralen Lernerfahrungen wurden gemacht?	
Wie haben sich – in der Einschätzung des Mitarbeiters – seine Kompetenzen verbreitert, welche Aufgaben traut er sich nun besser zu?	
Welche weiteren Lern- und Entwicklungsfelder sind durch das Projekt deutlich geworden?	
Persönliches Feedback	
Was hat in der Kooperation besonders gut geklappt?	
Was ist in der Kooperation noch verbesserbar?	
Wie wird die Teambildung im Projektteam beurteilt?	
Welche Stärken des Mitarbeiters wurden durch das Projekt deutlich?	
Welche Verbesserungsfelder des Mitarbeiters sind gefunden worden?	
Welche weiteren Hinweise zur persönlichen Weiterentwicklung möchte man dem Mitarbeiter auf den Weg geben?	

■ Seminarfeedbackbogen

Titel der Veranstaltung: .... Datum: ....

Name (Angabe freiwillig): ....

Mit diesem Fragebogen helfen Sie uns, unsere Veranstaltungen weiter zu verbessern, und wir möchten Sie bitten, uns auf diesem Wege Ihr Feedback auszusprechen. Herzlichen Dank für Ihre aktive Mitwirkung bei der Seminarauswertung!

		--	-	0	+	++
Inhalt						
Know-how	Der Trainer besitzt fundiertes und tiefes Know-how zum Gegenstandsbereich der Veranstaltung.					
Inspirationskraft	Die vermittelten Inhalte bieten mir neue Impulse und Sichtweisen.					
Relevanz	Die Inhalte der Veranstaltung sind auf meine realen Probleme und Entwicklungsbedarfe abgestimmt.					
Praxistauglichkeit	Eine Umsetzung der Lerninhalte in meine praktische Arbeit ist möglich und sinnvoll.					
Seminarversprechen	Das mit der Seminarankündigung oder dem Ablaufplan gegebene Versprechen über die Inhalte und Ziele wurde glaubwürdig eingelöst.					
Innovation	Die Seminarinhalte haben neuartige, kreative und innovative Ansätze vermittelt.					
Beziehung						
Kontakt	Der Trainer hat einen guten Kontakt zu den Teilnehmern aufgebaut und sich auf die Gruppe eingestellt.					
Integration	Der Trainer hat die unterschiedlichen Teilnehmerinteressen und -persönlichkeiten integriert und sinnvoll berücksichtigt.					

		--	-	0	+	++
Interaktion	Der Trainer hat sich intensiv mit den Teilnehmern und ihrer Situation auseinandergesetzt.					
Darstellung						
Verständlichkeit	Der Trainer hat verständlich und angemessen formuliert.					
Argumentation	Der Trainer ist argumentativ stark in der Darstellung der Inhalte und in der Diskussion mit den Teilnehmern.					
Präsentation	Der Trainer hat die Inhalte professionell und ansprechend präsentiert.					
Didaktik						
Lehrmethoden	Der Trainer hat die Lehrmethoden in sinnvoller Weise auf Inhalte und Lernziele der Veranstaltung abgestimmt.					
Dramaturgie	Der Aufbau und die Struktur der Veranstaltung sind überzeugend.					
Material						
Professionalität	Die Seminarunterlagen sind professionell und ansprechend aufbereitet und motivieren zur vertieften Beschäftigung mit ihnen.					
Nutzbarkeit	Die Seminarunterlagen unterstützen den Transfer des Gelernten in die Praxis und sind für die Anwendung der Inhalte nützlich.					
Rahmenbedingungen						
Seminarhotel	Die Ausstattung und die Räumlichkeiten des Seminarhotels sind angemessen.					
Service	Service und Tagungsbetreuung sind professionell.					

Anmerkungen/Anregungen: _____

_____

_____

_____

_____

_____

_____

_____

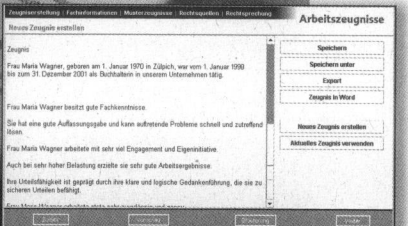